RAYMOND RECOULY

Itinéraires algériens

Itinéraires algériens

OFFICE

du Gouvernement Général de l'Algérie

10, Rue des Pyramides, PARIS 1er

Téléphone :	*Adr. Télégr :*
Gutenberg 80-40, 21-86	Office Algérie. Paris

L'Office a pour mission de donner des renseignements de toute nature sur l'Algérie : renseignements commerciaux, agricoles, administratifs, touristiques, etc. Il signale les débouchés ouverts, en France et à l'étranger, aux produits algériens ; en Algérie, aux produits métropolitains, et publie un *Bulletin mensuel* ayant pour but de : Faire connaître aux producteurs algériens les méthodes rationnelles de culture éprouvées par l'expérience et les procédés employés par leurs concurrents étrangers pour étendre leurs débouchés ; indiquer au public de la métropole les ressources que l'Algérie offre aux entreprises des industriels et des capitalistes, ainsi qu'à l'activité des travailleurs. Il a également la charge de documenter les futurs colons sur les conditions dans lesquelles se donnent les concessions gratuites ou se vendent les terres domaniales.

L'Office fournit gratuitement tous les renseignements rentrant dans le cadre de ses attributions et qui peuvent être demandés en franchise postale, de tous les points du territoire de la République à l'adresse suivante :

Monsieur le Gouverneur Général de l'Algérie,
(Office de l'Algérie)

10, Rue des Pyramides, 10

PARIS 1er

Raymond RECOULY

—

Itinéraires algériens

OFFICE
du
GOUVERNEMENT GÉNÉRAL
DE L'ALGÉRIE
10, Rue des Pyramides
PARIS

—

— 1922 —

Vue de Tipaza.

TIPAZA. — Le Chenoua.

Un Jour de Noël à Tipaza

Tandis qu'en ce jour de Noël, Paris grelotte, peut-être sous la neige, en tout cas sous le froid, nous sommes quelques amis à pique-niquer au grand soleil, dans un des plus beaux sites du monde, à Tipaza qui n'est qu'à deux heures d'automobile d'Alger.

Au pied du promontoire massif du Chenoua, un petit port, un petit village, abrités au bas d'une colline, composent un admirable ensemble, tel qu'il est difficile de trouver ailleurs son pareil. La courbe harmonieuse de la baie, les légères ondulations qui la dominent, la pureté des lignes en même temps que leur douceur, tout concourt à donner à ce paysage je ne sais quelle grâce antique et quasi édénique.

Vieux comptoir phénicien, ville romaine qui a dû être assez importante à en juger par l'étendue de ses murailles, puis cité chrétienne où la foi nouvelle suscita l'ardeur des martyrs, maintenant village français qui attire et attirera de plus en plus les visiteurs, Tipaza symbolise à merveille le déroulement des peuples et des races qui se sont succédés sur ces rivages africains.

Une végétation sauvage, odorante et touffue, la végétation du maquis, lentisques, palmiers nains, genêts, thym, lavande, recouvre encore la plupart des maisons et des temples qui constituaient l'antique cité.

Un fragment de colonne, un débris de sarcophage percent de-ci de-là au travers des arbustes noueux.

L'éternelle jeunesse de la nature sourit au milieu des ruines.

Car c'est au milieu des ruines que nous nous trouvons.

Tandis que les uns font la sieste au soleil, les autres explorent les creux du rivage, visitent les basiliques, les cimetières, le théâtre. Au moment où nous partons, un groupe de Bédouins, descendus des montagnes voisines, avec leurs haillons bariolés, les grands burnous qui les drapent, ajoutent à ce tableau la note amusante de couleur locale.

Ce jour de Noël à Tipaza vient ainsi de nous offrir, comme un bouquet de fleurs rares, toutes les séductions de la terre algérienne : la douceur exquise du climat, supérieur à celui de la Côte d'Azur, la beauté des paysages, celle des monuments et des ruines, tout un passé prodigieusement riche en souvenirs, l'intérêt qui s'attache aux civilisations disparues, sans oublier l'exotisme et le pittoresque de l'Orient.

Le goût des déplacements et des voyages est en train de renaître avec autant de force qu'avant la guerre, sinon plus. Rien n'est d'ailleurs plus naturel. A quoi servirait-il de fournir au public des trains, des paquebots, des automobiles, sans parler des aéroplanes, de plus en plus confortables, de plus en plus rapides, si ce même public n'était pas disposé à les utiliser? S'il est vrai que la fonction crée l'organe, celui-ci, de son côté, à mesure qu'il se développe, rend de plus en plus facile, de plus en plus agréable la fonction.

Mais la plupart des contrées qui attiraient naguère les touristes, Orient, Grèce, Turquie, Caucase, Egypte, les Indes, la Chine, le Japon, sont maintenant fermées au plus grand nombre. Pour certaines, la Turquie notamment, et ce n'est pas, loin de là, la seule, les troubles, l'insécurité, créent des obstacles quasi insurmontables. Pour les autres, l'Egypte, l'Inde, le Japon, la cherté du voyage, surtout la hausse de leur

change n'en permettent l'accès qu'aux très riches, c'est-
à-dire à une infime minorité.

Or, à vingt-six heures, par mer, de France, se trouve
un pays qui, par une sorte de miracle, réunit en lui tout
ce que les voyageurs ont coutume d'aller chercher
très loin.

Pendant les quelque vingt années que j'ai passées à
courir le monde, j'ai visité en détail la plupart des
contrées qui, depuis longtemps déjà, attirent de préférence les visiteurs : l'Espagne, l'Italie, l'Orient,
l'Extrême-Orient. Je n'en connais pas qui soit supérieure à l'Algérie. L'Egypte, par exemple, avec
laquelle on la compare très souvent, présente certes
d'incomparables beautés. Mais le paysage y est d'une
monotonie qui devient assez vite fatigante.

C'est l'éternelle vallée du Nil, que beaucoup
remontent dans des embarcations à voiles, « la daha-
bich », avec une extrême lenteur, la ligne des palmiers
de la rive, les cubes de terre battue qui sont les maisons
des fellahs, des deux côtés les falaises rocheuses bor-
dant cette étroite vallée. Le paysage est ainsi toujours
le même depuis le Caire jusqu'à la première cataracte,
si bien que lorsqu'on a vu une fois l'Egypte, on
n'éprouve pas un très vif désir de la revoir.

Ce que l'Algérie, au contraire, possède en propre,
ce qui constitue sa marque originale, c'est la variété de
ses paysages, l'extraordinaire diversité de ses sites.

D'abord une « Riviera » méditerranéenne, tout aussi
riche, tout aussi belle que la Riviera de France et
d'Italie, avec une flore méridionale autrement vigou-
reuse et puissante, jaillie sur un sol plus arrosé, sous un
soleil plus chaud.

A cette zone méditerranéenne que les casinos et les
croupiers n'ont heureusement pas déshonorée, qui fourmille de coins inexplorés et charmants, succède la région
des hauts plateaux. L'aspect du pays change subite-

ment : une heure d'automobile, une rude grimpée. et vous voilà transportés dans une contrée toute différente. Vous quittez les palmiers, les orangers, la vigne. les oliviers du Tell pour des gorges sauvages où bouillonnent les torrents, puis de hautes étendues dénudées où les pâturages et les champs se succèdent interminablement.

Cette haute région vient choir dans les plaines sahariennes. C'est le pays de la chaleur et de la soif, la terre des nomades. Aussitôt qu'il se trouve un peu d'eau, la végétation jaillit parmi les sables : l'oasis apparaît.

Aux portes même d'Alger, les alpinistes, tous ceux pour qui les montagnes ne sont pas seulement belles d'en bas, trouvent à escalader les massifs de l'Atlas.

Le massif de Kabylie possède des cimes plus belles et plus hautes encore. A deux pas de Biskra, reine du désert, l'Aurès, une farouche région qui commence à peine à s'ouvrir, montre ses gorges, ses cirques, ses étranges villages, ses sources jaillissantes, parmi les palmiers et les lauriers-roses, dans un éboulis de rochers.

Pour l'archéologue, une exceptionnelle abondance de souvenirs et de monuments antiques. Les ruines de Timgad sont parmi les plus belles, les plus complètes du monde.

Pour le chasseur, les chasses les plus variées, gazelle outarde, mouflon, sans oublier la chasse au faucon, pratiquée comme au Moyen Age, par quelques grands chefs du Sud.

Les expéditions sahariennes, le camping à travers les sables et les oasis du désert, peuvent se combiner, se varier à l'infini. Il en est de même des randonnées en automobile sur un réseau routier extrêmement développé, tout aussi bon, sinon meilleur, que celui de la métropole.

Sarcophage romain à Tipaza.

Vue d'Alger.

Il ne faut pas oublier, enfin, ce dernier attrait, le plus attachant peut-être de l'Algérie, qu'est la preuve vivante pour ainsi dire parlante, du génie coloni sateur français.

Au-dessus de l'Afrique romaine et de l'Afrique mu sulmane, c'est une fierté et une joie de trouver et d'admirer l'Afrique française. Ce que nous avons fait dans ce pays, en moins d'un siècle, est prodigieux. Les étrangers, surtout les Anglais qui se connaissent en la matière, ne cachent pas leur admiration.

A travers des difficultés de toutes sortes, militaires, financières, sociales, etc., la France a résolument, obstinément suivi sa voie. L'héroïsme de ses soldats a conquis, puis pacifié tout le pays. L'énergie de ses colons, plus grande peut-être encore, a fait partout éclore et prospérer une multitude d'entreprises, etc. Toutes les régions de la France, du Nord au Midi, de l'Océan aux Alpes, ont contribué à cet effort. Toutes les provinces sont venues se fondre dans ce creuset méditérranéen et, avec elles, d'autres populations latines, Espagnols, Italiens, assimilés avec une extrême rapidité. C'est à certains égards une nouvelle race qui est en train de se former là, profondément, *essentielle-ment française*, dont les fils ont prouvé, sur tous les champs de bataille, leur attachement à la Mère Patrie.

*
* *

Au cours d'une année passée en Algérie, dans le cabinet du Gouverneur Général, j'ai été amené à parcourir dans tous les sens le pays. Parmi la masse de mes itinéraires, j'ai simplement essayé d'en détacher quelques-uns, d'en composer une sorte de florilège, pour l'offrir au public français et étranger, pour lui donner le désir de franchir la mer, ce qui n'est pas difficile, et de parcourir l'Algérie à son tour.

A travers Alger

L'orientalisme et la couleur locale, dont on a fait, ces temps-ci, grande dépense, ne sont pas sans avoir leurs raffinés et leurs snobs. Ils estiment que rien n'est assez pur lorsqu'il s'agit de couleur locale, sans se douter, le moins du monde, de la part énorme d'arbitraire qu'il y a dans ce qu'on est convenu d'appeler de ce nom.

Il était de bon ton pour ceux-ci de trouver Alger trop vivant, trop moderne, comme s'il pouvait en être autrement de la jeune capitale d'un grand et riche pays.

Tous ceux à qui sont familiers les points les plus fameux, les plus réputés de l'univers, n'ont garde de partager ce ridicule dédain. Ils estiment au contraire, après en avoir vu et comparé beaucoup, que le site d'Alger est véritablement incomparable. La courbe harmonieuse de la baie, depuis la pointe Pescade jusqu'au cap Matifou, ses lignes gracieusement arrondies, la dégringolade des maisons blanches qui forment la ville indigène, les fortes assises des quais, les boulevards maritimes constituant la ville nouvelle, le vieux coin si pittoresque et si coloré de l'Amirauté, puis les jolies collines, qui, en demi-cercle, s'élèvent tout autour, peuplées de villas et de jardins, par delà, les montagnes de l'Atlas, tout au fond les cimes altières du Djurdjura ; voilà le magnifique tableau qui s'offre à l'œil du voyageur quand, par une radieuse fin de jour, le navire qui le porte, s'approche d'Alger.

Il y a dans cette ville, plusieurs villes très distinctes dont chacune constitue un monde à part.

Tout en bas, la cité maritime, la « Marine », comme on dit dans toute la Méditerranée latine, une bruyante population mi-italienne, mi-musulmane, de pêcheurs napolitains, de débardeurs et de portefaix arabes ou kabyles. Tout ce monde-là pullule et fourmille, au ras de l'eau, d'où lui vient sa subsistance.

Plus haut, au-dessus des arcades impressionnantes qui supportent les boulevards, s'alignent les rues de la ville moderne, si développée, si prospère, qu'elle se répand de toutes parts, escaladant les rampes les plus abruptes, montant à l'assaut des coteaux du Telemly et de Mustapha.

A côté, la ville indigène, dominée par la vieille Casbah.

Je l'ai parcourue plus d'une fois en compagnie de mon vieil ami M. de Galland qui, mieux que personne, la connaît, la commente, l'aime et la fait aimer. Il n'est pas pour cette promenade de meilleur guide que lui.

Ensemble, nous avons visité la Djama-Safir, commencée au XVIᵉ siècle, et dont un rénégat enrichi paya la construction.

Ensemble, nous avons admiré le joli cimetière des Princesses qui se trouve non loin de la mosquée Sidi-Abdallah.

Nul lieu n'est plus mélancolique et plus reposant : sous les figuiers sacrés, deux stèles de marbre recouvrent les restes des princesses qu'une mort prématurée vint faucher dans leur fleur. Quelques lignes très brèves gravées sur le marbre, c'est tout.

« Voici le tombeau, dit l'une, de Fatmah bent Hassan Bey. Que Dieu lui pardonne ainsi qu'à tous les Musulmans. »

Et la deuxième :

« Voici le tombeau de celle qui est en la possession
de Dieu. M'Fissa, fille de feu Hassan Pacha : que
Dieu leur soit miséricordieux, ainsi qu'à tous les
Musulmans. »

Dans le quartier des courtisanes au visage peint et
même repeint, se trouve la vieille mosquée berbère de
Sidi-Rhamdam. Elle a neuf toits et dix-huit colonnes,
que M. de Galland croit avoir été empruntées à des
temples païens.

Au-dessous du jardin Marengo, près de la nouvelle
Médersa, c'est la mosquée de Sidi-Abderrhaman. Ce
sage vagabond qui parcourut le monde, prêchant la
parole sainte, et développant sa science du Coran,
vint y finir paisiblement ses jours.

En revenant du jardin Marengo, jetons un regard
sur le quartier de Bab-el-Oued, que les Espagnols
appellent la « Cantère », avec sa population pittoresque
et dépenaillée, avec ses cabaretiers et ses odeurs de
friture.....

Quand on parcourt les rues étroites, tortueuses,
obscures de la vieille Casbah, où Fromentin aimait à
errer, quand on gravit ses escaliers interminables et
zigzagants, demeurés aujourd'hui, ce qu'ils étaient il
y a plusieurs siècles, il n'est pas difficile d'évoquer la
vieille cité des corsaires, qui pendant si longtemps, par
une sorte de paradoxe historique, à quelques jours de
mer de l'Espagne, de la France, de l'Italie, où régnaient
cependant des princes très puissants, put écumer et
terroriser à sa guise la Méditerranée occidentale et
une partie de l'Océan.

Si nous voulons revivre cette extraordinaire histoire,
les documents et les récits, certes ne nous manquent
pas.

Entrons à la Bibliothèque Nationale. C'est au bas
de la ville indigène, la plus belle maison qui ait été

ALGER. — L'Amirauté.

ALGER. — Palais d'été.

conservée de l'Alger musulman. Rien de plus joli que la grande cour intérieure, ses dalles et ses escaliers de marbre, ses colonnes, ses revêtements de vieille faïence, qui forment la plus fraîche et la plus colorée des tapisseries. Prenons au hasard quelques-uns des livres, où des chrétiens, faits prisonniers par les corsaires, racontent leurs tribulations et leurs souffrances.

Voici pour commencer le plus illustre de tous, Cervantès, l'immortel auteur de *Don Quichotte*. Par la bouche du *Captif*, c'est sa propre histoire qu'il relate en plusieurs chapitres de son chef-d'œuvre.

« Amené à Alger, dit-il, enfermé dans le bagne, on me mit une chaîne et je passai ma vie avec une foule de gentilshommes et de gens de qualité destinés comme moi pour le rachat.

« Bien que nous eussions parfois, et même à peu près toujours, à souffrir de la faim, du dénûment, rien ne nous causait autant de peine que de voir, à chaque instant, les cruautés inouïes que mon maître exerçait sur les chrétiens. Chaque jour, il en faisait pendre quelques-uns. On empalait l'un, on coupait l'oreille à l'autre, et cela pour la moindre peccadille. »

Incapable de faire payer par sa pauvre famille la très grosse rançon qu'on exigeait de lui, une seule ressource restait à Cervantès : l'évasion. Son imagination féconde combine des projets. Ses compagnons et lui, creusent, dans un jardin de Mustapha, la grotte où ils devaient se cacher avec leurs armes et leurs provisions. C'est la fameuse grotte de Cervantès, qui se trouve au-dessous du cimetière musulman de Belcourt et à propos de laquelle, au demeurant, les historiens et les érudits ne sont pas complètement d'accord. Le contraire ne serait-il pas fait pour surprendre? Un renégat les trahit, des soldats turcs font irruption dans la grotte et chargent de chaînes tous les prisonniers.

Cervantès que rien n'abat, se rejette sur de nouveaux

plans : ils échouent les uns après les autres. Mais tous ces insuccès ne le découragent point. Rien n'est plus passionnant que de suivre dans le détail ses tentatives et ses efforts si l'on veut voir une âme courageuse se raidissant contre l'infortune et demeurant, en fin de compte, toujours supérieure aux événements.

Après cinq années passées de la sorte, Cervantès finit par être racheté. Mais on peut dire que les souvenirs de son esclavage ne le quittèrent jamais. On les retrouve à tout instant dans *Don Quichotte*, où se déversent le trop-plein de sa nature bouillonnante, ses rêves, ses illusions, ses déceptions et ses souffrances ; dans l'épisode des forçats par exemple, si généreusement, si imprudemment délivrés par l'errant chevalier, comme on sent que ces forçats dont il parle, l'auteur les a observés de près !

Plusieurs chapitres du roman sont consacrés directement à ses souvenirs d'Alger. Toute cette partie de *Don Quichotte* est en somme une autobiographie. Sans doute l'auteur y mêle-t-il une certaine part d'invention ainsi que le genre l'exige.

Le Captif dans sa fuite enlève une jeune Mauresque qui s'est éprise de lui. Mais les impressions vécues forment la base, l'essentiel.

Il en est ainsi d'ailleurs de tout le livre. De là, ce fond d'âpre et poignante vérité qui lui donne tout son prix. Dans l'existence si agitée de Cervantès, ces quelques années furent, à coup sûr, la période la plus pénible et la plus mouvementée, celle où il vit à nu les misères humaines, où il connut, par sa propre expérience, ce que peuvent être les souffrances et le malheur.....

Voici encore le récit très connu d'un autre prisonnier, le sieur Emmanuel d'Aranda, un Flamand, qui, faisant voile de la côte espagnole vers les Flandres, fut arrêté et capturé par des corsaires algériens à la hauteur du port de La Rochelle, ce qui prouve l'audace de ces écumeurs de la mer, qui ne craignaient nullement de s'aventurer aussi loin, de déployer, au moment de l'abordage, la banderolle verte semée de croissants d'argent.

Quand le corsaire, chargé de butin, pénétrait dans le port d'Alger, il faisait tirer le canon. A ce bruit, la population tout entière dévalait vers le port, curieuse d'assister au débarquement des esclaves. Ceux-ci étaient tout d'abord conduits devant le pacha qui avait toujours le droit de les acheter pour son compte. On les vendait ensuite sur la place publique. Quelques-uns, les plus forts, étaient désignés pour ramer sur les galères. Les autres charriaient les fardeaux, portaient le bois, les pierres sur les collines des environs.

D'Aranda, dans son livre, fait un pittoresque tableau de cette existence des captifs ; bastonnades des gardiens, dénonciations, espionnage, travaux accablants, rixes dans les tavernes où se réunissaient les prisonniers, et où on leur vendait clandestinement du vin, organisation de la course, conçue comme la forme la plus intéressante et la plus lucrative du commerce, avec ses bailleurs de fonds, ses commanditaires, ses exécutants, qui étaient comme des « managers » fort grassement rétribués de cette singulière entreprise.

Car tout cela était soumis à un ordre, à une règle très déterminée. Il existait un code commercial de la piraterie. Les parts, les bénéfices de chacun étaient très nettement fixés.

Pendant trois siècles, l'Europe souffrit cette humiliation. Elle toléra, à sa porte, ce cancer qui rongeait son commerce.....

Un des coins les plus pittoresques, les plus exquis du vieil Alger, qui a gardé toute sa couleur et son charme, c'est l'Amirauté. Il rappelle les souvenirs de la domination espagnole, ou plutôt des tentatives qui furent faites par l'Espagne impérialiste, pour asseoir sa puissance sur les rivages africains.

Dans le port lui-même, sur le plus gros des îlots. Pedro Navarro fit, en 1510, élever le Peñon, qui tenait la ville sous la menace de ses canons.

Quelques trente ans plus tard, en 1541, Charles-Quint en personne conduisit pour réduire Alger, une formidable expédition. C'était une *armada* gigantesque, de cinq cent seize voiles, dont soixante-cinq grandes galères montées par douze mille matelots et vingt-trois mille soldats. L'ordre de Malte y avait délégué ses plus intrépides chevaliers.

La tempête, la saison tardive, les mauvaises dispositions prises causèrent l'échec de cette colossale entreprise. Les Chevaliers de Malte, combattant à l'arrière-garde, revêtus de leurs grands manteaux écarlates, les « diables rouges » comme les appelaient les musulmans, empêchèrent le désastre. C'est l'un deux, de race française, Pons de Balaguer, dit Savignac, porte-étendard des Chevaliers, qui vint enfoncer sa dague dans la porte Bab-Azoun, à l'endroit même où le comité du Vieil Alger a fait apposer une plaque.

Peu de temps après, les Turcs emportèrent le Peñon lui-même qu'ils réunirent désormais à la terre ferme ; ils firent mourir, sous le bâton, l'héroïque Don Martin de Vargas qui, tout couvert de blessures, l'avait, avec une poignée d'hommes, défendu jusqu'au bout.

ALGER. — Palais de l'Archevêché.

ALGER. — Coteaux de Mustapha.

Promenades dans le Sahel

Le charme d'Alger, ce sont ses environs, les délicieuses collines du Sahel qui forment entre la Mitidja
et la mer, une suite d'ondulations légères, des grimpées
et des descentes par les chemins creux, des ravins
découverts tout d'un coup, avec de tous les côtés, des
échappées de vues merveilleuses sur la plaine de la
Mitidja, sur les montagnes de l'Atlas, et la mer.

Pour en savourer la douceur, rien ne vaut les promenades à cheval, qui permettent de pousser assez
loin et surtout de passer en tout lieu.

Quand on est dans la ville basse, il s'agit d'abord
de gagner les hauteurs de Mustapha. Rien de plus
simple, par le boulevard Bon-Accueil et le Télemly, le
joli chemin des aqueducs. Arrivé à la petite église qui
domine le Palais d'Été, laissez la grande route et
prenez le chemin grimpant qui, par une pente très
raide, aboutit à la colonne Voirol. C'est un de ces
vieux chemins arabes comme il en existait sur toutes les
hauteurs des environs d'Alger. Les chevaux du pays,
qui ont le pied très sûr, les gravissent sans difficulté.
Il n'est pas très prudent de les descendre, quand le
sol est tant soit peu mouillé.

De la colonne Voirol, un temps de galop par les
pistes cavalières du Bois de Boulogne. On passe
devant l'Hôtel de l'Olivage. On contourne le champ
du golf d'où la vue est si belle sur toute la chaîne de

l'Atlas ; par un étroit chemin encaissé on descend tout droit sur le joli village de Birmandreïs. Tout de suite après la dernière maison, prenez la route de droite qui zigzague dans une vallée verdoyante, parmi les pins-parasols, les oliviers, les jardins et les vignes. De ci de là, quelques fermes, abritées derrière une haie de tamarins ou de cactus. L'industrieux Mahonnais, le maraîcher du Sahel, y fait pousser ses légumes sur un sol rocailleux ; un lopin de terre qui s'arrondira peu à peu, une cabane, qui deviendra une maison, voilà le début de l'entreprise. A force de patience et d'énergie, après avoir porté aux marchés de la ville, sur sa maigre bourrique, force charges de petits pois et d'artichauts, le rude enfant des Baléares voit ses affaires prospérer. D'autres hommes de sa race, aussi rudes, aussi frustes que lui, suivent son exemple. De petites colonies se forment ainsi, solidement implantées sur cette terre africaine. Le père ne parle que son dialecte catalan ; ses enfants à peine nés baragouinent un étrange français mêlé d'arabe et d'espagnol. Ils iront à l'école, puis à la caserne. Après une génération, ils deviendront de bons Français.

Au cours de la longue retraite, avant la bataille de la Marne, j'eus, un jour, un ordre à porter de l'État-Major de la division du Maroc à l'un de nos régiments composé de zouaves et de tirailleurs. M'étant arrêté un moment sur une route encombrée, je me trouvai subitement entouré de soldats qui s'apostrophaient en espagnol. C'était des Oranais qui, quelques jours plus tard, aux marais de Saint-Gond, devaient se battre avec l'héroïsme que l'on sait !

On peut souvent, durant ces promenades, quitter les chemins, prendre les sentiers, parfois même couper à travers champs. Après une vallée fertile, voici une colline aride, pierreuse et sèche, pareille aux garrigues languedociennes où ne poussent que la lavande et le thym.

Environs d'EL BIAR.

ALGER. — Chemin de la Madeleine.

Cèdre parasol.

BLIDA. — Col de Chréa (le ski en hiver).

Arrivé à la route de Kadous, il faut la remonter un
instant, dans la direction d'Alger, puis prendre l'em-
branchement de gauche vers Ben-Aknoun. De vieux
oliviers aux troncs noueux, au feuillage épais, couvrent
le chemin de leur voûte argentée. C'est une joie d'aller
dans cette zone ombreuse, que d'éclatantes flèches de
lumière criblent de toutes parts. De vieilles demeures
arabes montrent leurs murailles toutes blanches
enfouies sous les orangers et les pins. Partout les
norias font entendre le crépitement humide de leur
roue qui déverse l'eau bienfaisante dans les seghias et
les bassins.

Nous voici à El-Biar. Prenons la nouvelle et large
route qui dévale, toute droite, dans la direction de
Mustapha. Par une belle matinée d'hiver, comme il y
en a tant sur cette côte, c'est une fête, une splendeur
de lumière. La baie toute entière d'Alger, la rade,
jusqu'au Cap Matifou, la ville, les bassins, les hauteurs
de Mustapha, les villas qui les peuplent, se découvrent
tout d'un coup. Une légère buée, pénétrée de soleil,
aux teintes chaudes et cuivrées, flotte encore sur la
ville basse et sur la mer, tandis que les hauteurs nagent
dans le pur éther. L'air est léger, transparent, cares-
sant. On est heureux de respirer et de vivre. En des
vers harmonieux et saisissants, la comtesse de Noailles
a noté cette allégresse matinale, qui est le printemps
de la journée :

O gaieté claire du matin,
Où l'âme simple dans sa course,
Est dansante comme une source
Qu'ombragent des brins de plantain.

Ces promenades dans le Sahel, aux environs d'Alger,
offrent une variété presque infinie. Pendant près d'une
année, je montais à cheval, chaque jour, souvent deux

fois par jour, ce qui ne m'empêchait pas de trouver, chaque fois, un itinéraire différent.

Or, tous ces itinéraires sont plus attrayants les uns que les autres. Arrivé à Birmandreïs, par exemple, suivez la route vers Kouba. Les bas-côtés permettent d'y galoper en tout temps, ce qui, dans ce terrain rocailleux, avec des montées et des descentes perpétuelles, n'est pas un mince avantage. Vous redescendez de Kouba vers le Ruisseau, d'où vous pouvez rentrer soit par le joli ravin de la Femme-Sauvage, soit au-dessus du jardin d'Essai, par une rampe très roide qui, longeant la villa Abd-el-tif (l'Académie des Sculpteurs et des Peintres, créée par M. Jonnart), à travers un très joli bois de pins, vous ramène sur les hauteurs de Mustapha.

De la colonne Voirol, il y a trois ou quatre chemins, très pittoresques, pour gagner El-Biar d'abord, ensuite Bouzaréa, un des plus jolis villages des environs d'Alger. Ce point culminant du Sahel (407 mètres) commande une admirable vue sur toutes les collines voisines, sur les ravins dégringolant vers la mer, sur la grande plaine et l'Atlas, On peut en revenir par le Frais Vallon qui descend vers Bab-el-Oued, ou bien si l'on ne craint pas les pentes trop roides, par les ravins broussailleux qui viennent aboutir au littoral du côté de St-Eugène.

Au sortir d'El-Biar, d'autre part, on peut pousser jusqu'à Ben-Aknoun, et même jusqu'à Dely-Ibrahim. Une fois là, vous êtes en pleine campagne. Libre à vous, selon votre fantaisie, de couper à travers champs, de suivre la crête d'une colline pierreuse, ou le sentier qui zigzague le long d'un petit ruisseau.

Une très jolie promenade, et qui fournit un excellent terrain de galop, consiste à gagner la plage, vers Hussein Dey et le Champ de courses.

MILIANA. — ... de fer.

Route de Kabylie.

A la hauteur du jardin d'Essai, on traverse la grande
route et le chemin de fer. A partir de ce point, on peut
suivre constamment le rivage. Jusqu'à l'embouchure de
l'Arach le terrain est excellent; on parvient ainsi
jusqu'au fleuve aux eaux boueuses où les pontonniers
du génie enfoncent leurs chevalets, non loin de l'endroit sans doute où Charles-Quint débarqua ses
cohortes.

Au retour la vue sur Alger est admirable. On
embrasse, d'un seul regard, la ville européenne et la
ville indigène, toutes les collines environnantes jusqu'aux hauteurs de Bouzaréa. Le blanc éclatant des
maisons se détache sur les teintes sombres des jardins,
des bois de pins et de cyprès. Que le ciel soit sans
nuage, ce qui arrive souvent, ou bien légèrement voilé,
la qualité de cette symphonie lumineuse reste identique.
Ce qui séduit en elle, c'est la douceur enveloppante et
moite des tons. Ceux qui l'ont une fois ressentie
peuvent difficilement se soustraire à son appel, à son
attrait.

Les amateurs de longues chevauchées, qui ne crai-
gnent pas de passer en selle la matinée toute entière,
peuvent aisément pousser plus loin encore. Arrivés sur
les rives de l'Arach, ils n'ont qu'à traverser le fleuve,
sur le pont de bateaux, si par hasard il en existe un,
s'il n'en existe pas, en remontant jusqu'à la hauteur de
Maison-Carrée. Ils traversent Maison-Carrée, si
bruyant, si pittoresque les jours de marché ; ils gravissent, sur la gauche, la petite pente qui passe près du
vieux fort. De là, par un joli terrain, où les pistes
zigzaguent à travers les pins, ils se dirigent vers Fort-
de-l'Eau.

Il y a là cinq ou six kilomètres en ligne droite de dunes sablonneuses qui sont le plus amusant terrain de cheval qu'on puisse rêver. Il faut revenir par Maison-Carrée ; mais pour varier la route, mieux vaut prendre le petit chemin direct qui mène à Kouba, puis de Kouba à Birmandreïs, et retour à Alger par le Bois de Boulogne.

L'Alpinisme aux portes d'Alger

I

ASCENSION DU BOU-ZEGZA
(1.032 mètres)

En compagnie de M. L., le plus enragé grimpeur que je connaisse, de quelques amis, nous partons, le matin d'un beau dimanche ensoleillé d'hiver, pour faire l'ascension du Bou Zegza.

Le Bou-Zegza est cette montagne à la forme étrange qui jaillit à pic, par delà la plaine de la Mitidja, formant en quelque sorte le premier plan, dans la direction du Djurjura.

Elle n'a l'air de rien, vue d'en bas, ce qui est d'ailleurs un trait commun à beaucoup de montagnes. Cette opinion se modifie quand on y grimpe et plus encore quand on en redescend ; car, contrairement à ce que Virgile disait de l'Averne, la descente en est sensiblement plus difficile que la montée.

Par l'Arbatache, nous avions l'intention d'arriver, en automobile, jusqu'au café Maure d'Aïn-Defla. Malheureusement la route, défoncée par les pluies, était si détestable que, sous peine d'enliser la voiture dans quelque bourbier, nous fûmes obligés de mettre pied à terre bien avant.

Prenant sur notre dos le déjeuner, victuailles et

flacons, dont nous avions eu grand soin de nous nantir (c'est un soin qui n'est jamais négligé dès que L. est de la partie), nous commençâmes l'ascension.

Elle dure trois petites heures environ, mais elle n'est pas, de ce côté-là, très pénible. Parvenus au pied du sommet et n'ayant plus qu'une cinquantaine de mètres à gravir, nous fîmes d'abord un délicieux déjeuner sur un rocher en plate-forme d'où l'on a une vue des plus belles. Après quoi nous gravîmes la cime où se trouve une petite pyramide faite de pierres accumulées. Puis c'est la descente à pic, par le flanc nord, vers le ravin de l'Oued Keddara.

Il existait, paraît-il, autrefois, un sentier praticable: mais nul n'y étant passé pendant la guerre, la végétation vivace et touffue du maquis n'avait pas été longue à le recouvrir. C'est à travers un inextricable entrelacement de broussailles, d'arbustes et de ronces, qu'il fallait chercher sa voie, chacun de nous disparaissant et reparaissant tour à tour dans les buissons. Cette descente qui ressemblait assez à du « *toboggan* » devenait ainsi singulièrement sportive. Un moment, on était sur ses jambes; l'instant d'après, par suite d'une glissade ou de l'éboulis d'un rocher, on se trouvait sur le dos.

Arrivés à l'Oued, tout au fond, on suit pendant une heure environ le petit ruisseau qui bouillonne à travers des gorges d'une très grande beauté.

Voici déjà la nuit. Il faut abandonner la rivière, remonter à pic pendant trois quarts d'heure sur une pente glissante et détrempée, pour rejoindre tout en haut, la grande route où, fort heureusement, nous attend notre automobile.

Pour tous ceux qui aiment les courses de montagne, sous un ciel et dans un paysage africain, cette excur-

En Kabylie. — Le Djurjura.

En Kabylie. — Un marché kabyle.

sion, aux portes mêmes d'Alger, est tout à fait à recommander.

Des alpinistes peuvent très aisément d'ailleurs la
compliquer, la rendre plus ardue. Il suffit de suivre
les crêtes, à gauche, à partir de Rar-Ifzi, et d'escalader de ce point le sommet, pour descendre par les
arêtes du côté opposé. Une grande journée de marche
est nécessaire et il faut n'avoir pas peur des précipices.
L., qui s'y connaît, assure qu'il n'y a rien de plus
amusant dans tout le Djurjura.

<h1 style="text-align:center">II</h1>

DANS LES CEDRES DE CHREA

Le Pic Abd-El-Kader
(1.629 mètres)

Au-dessus de Blida, coquettement enfouie dans un
immense jardin d'orangers, la route gravit, en lacets
roides, le flanc d'une très haute montagne.

A chacun des détours, c'est une échappée merveilleuse sur la ville, les maisons arabes toutes blanches,
perdues parmi les vergers, la grande plaine de la
Mitidja, étendue à vos pieds.

Le chemin carrossable finit non loin de l'hôtel des
Glacières (1.210 mètres), où, parmi les frais ombrages,
près d'une source abondante et délicieuse, beaucoup
d'Algériens viennent passer l'été.

Au-dessus de l'hôtel, on monte à pied ou à mulet, à
travers une merveilleuse forêt de cèdres. Soyez sûrs
que les cèdres du Liban, de légendaire mémoire, ne
sont nullement supérieurs à ceux de l'Atlas. Sous la
grande lumière d'Afrique, les vieux troncs noueux, les
branches puissantes et contournées, la finesse délicate

et ajourée des feuillages sont une joie et un enchantement pour l'œil.

Le long d'un sentier qui zigzague parmi ces arbres plusieurs fois centenaires on arrive ainsi à Chréa (1.550 mètres).

Tous ceux que ne mord pas l'âcre désir d'escalader le sommet lui-même peuvent fort bien s'arrêter ici. Il est impossible de trouver une vue plus étendue et plus belle.

On domine de cette hauteur, surgissant à pic au-dessus de la plaine, non seulement la Mitidja tout entière, les petites collines du Sahel, qui font d'en haut, l'effet de taupinières, mais toutes les courbes, les sinuosités du littoral et tout au loin, jusqu'à l'horizon, la Méditerranée.

C'est un spectacle incomparable.

L'été, pour les amateurs de camping c'est un emplacement des plus attirants.

L'hiver, il y a souvent de la neige en abondance, ce qui permet d'y pratiquer les sports hivernaux. Du col de Chréa, en deux petites heures, on gagne le pic Abd-el-Kader (1.629 mètres). De là, en trois heures et demie, on redescend sur Blida, par Talazit.

On peut aussi faire l'ascension du Zaccar-Rharbi (1.580 mètres), dans un site très pittoresque ; au-dessus de Miliana, celle du pic Mouzaïa (1.604 mètres), qui domine les gorges de la Chiffa.

En pays Kabyle

Des routes magnifiques, d'interminables montées,
dans un paysage de grande montagne, à travers de
merveilleuses forêts ; accrochés à toutes les cimes,
une foule de villages, plus pittoresques les uns
que les autres ; des cols que la neige recouvre tout
l'hiver ; au printemps, des fleurs, une prodigieuse
poussée de végétation parmi le ruissellement des eaux
courantes ; des descentes à pic dans des vallées ver-
doyantes et vers la mer ; un fourmillement de population, une race diligente, industrieuse et obstinée, ayant
en dépit des invasions, des occupations étrangères,
gardé intacts son caractère et sa personnalité.

Tels sont les traits essentiels du pays kabyle.

Il est impossible d'excursionner en Algérie sans
avoir à le parcourir. Rien n'est plus agréable que de
le parcourir en tous sens. Tizi-Ouzou en est la capitale et le centre. On y passe forcément quand on va
d'Alger vers Bougie, Constantine et Biskra.

Des deux principaux cols, celui de Tirourda, le plus
élevé, n'est praticable qu'assez tard au printemps ;
l'autre est celui d'Azazga, et la descente par ce dernier sur Bougie est un véritable enchantement.

Au pied de hautes montagnes, Bougie, la vieille cité
des corsaires, fait éclater sa végétation luxuriante,
presque tropicale. Son golfe immense a les courbes les
plus harmonieuses ; il possède une merveille : la route
en corniche qui le borde jusqu'à Djidjelli. Elle l'em-
porte en beauté sur toutes les routes similaires que j'ai

parcourues dans les pays les plus divers : la Riviera française et italienne, la route de Capri à Salerne par Amalfi, qui est cependant très belle, la Crimée et les rives de la Mer Noire, le Caucase...

A côté des grands itinéraires classiques en Kabylie, il en est d'autres qui présentent, eux aussi, le plus vif attrait. J'ai gardé notamment le souvenir d'une de nos randonnées en automobile à travers une partie de la Kabylie des Babors.

Nous avions quitté, à Bordj-Bou-Arreridj, la grande route de Constantine à Alger. Nous traversâmes la Medjana, dont le bachagha Mokrani joua un très grand rôle lors de l'insurrection de la Kabylie en 1871. A travers des pâturages et des forêts, nous arrivâmes au col de Tiblatine. Puis une magnifique, une vertigineuse descente sur la vallée de la Soumam. Une route toute en brusques lacets. De grands villages kabyles, entre autres celui de Ighil-Ali, curieusement agrippés aux monts, peuplés d'une population curieuse, en partie d'origine juive, ultérieurement convertie à l'Islam.

Si l'on veut voir vraiment la Kabylie et savourer comme il faut le charme de cet étrange pays, il faut quitter la route et renoncer à l'automobile pour prendre le mulet, voire le bâton d'alpiniste. En choisissant comme point de départ Fort-National ou bien Michelet, rien n'est plus facile que de combiner toute une série de courses en montagne et d'en graduer les difficultés, depuis les simples promenades à pied, à la portée, si l'on peut dire, des jarrets les moins résistants, jusqu'aux véritables ascensions exigeant un entraînement spécial, les préparatifs et le matériel de l'alpiniste, guides, cordes, etc. Il existe à Alger une section du Club Alpin français ; M. A. Reynier, son secrétaire général, fournit très volontiers à tous, les conseils et les renseignements les plus détaillés.

Constantine

Il y aurait un curieux parallèle à faire entre Constanine et Tolède, situées l'une et l'autre dans un paysage âpre et tourmenté, aux trois quarts entourées d'un fleuve, roulant ses eaux bourbeuses au fond de gorges farouches ; la plus africaine des deux villes n'étant pas, au demeurant, celle qui se trouve en Afrique.

Car la Tolède de nos jours n'est guère différente de celle des Maures et de Philippe II. Constantine, au contraire, comme une fille trop gaillarde, a crevé de toutes parts sa ceinture et son corset. Pour faire place à la ville moderne, la vieille enceinte a partiellement disparu.

Les grandes lignes du paysage n'en subsistent pas moins et ce paysage est d'une altière beauté. Dominant à pic les abîmes, pleins du vol tournoyant des oiseaux sauvages, les quartiers arabes de la vieille cité montrent le grouillement de leurs maisons basses, d'une couleur vert d'eau, au-dessus desquelles se posent les cigognes familières. Le Rummel et ses gorges profondes comme le chemin des Enfers, les quartiers et les boutiques indigènes qui ont gardé tout leur pittoresque, méritent au plus haut point d'attirer les voyageurs.

Nulle part les souvenirs de la conquête française ne sont restés aussi vivaces, aussi impressionnants qu'ici. Quand on parcourt cette Algérie riante, aussi pros-

père, aussi civilisée que n'importe lequel des départe-
ments français, quant on trouve partout des villes, des
villages et des fermes, de belles routes, des gares et
des ports, on est un peu trop porté à oublier que le
sang de nos soldats est à la base même de tout cet édifice, que seule l'a rendu possible, et surtout durable,
une longue suite d'efforts, de sacrifices et d'héroïsme.

Le simple aspect de Constantine, le nom de ses
quartiers, de ses rues, ravivent en foule les souvenirs
de cet assaut fameux où des troupes intrépides, conduites par des chefs qui se faisaient tuer au premier
rang, enlevèrent à la pointe de l'épée cette citadelle
qui paraissait imprenable.

CONSTANTINE — Gorges du Rummel.

CONSTANTINE. — Le pont Sidi M'Cid.

CONSTANTINE - L'ancien palais des Dey.

Sources chaudes à Hammam-Meskoutine.

Par les pistes Sahariennes

BOU-SAADA, BISKRA, TOUGGOURT

Notre ami, le caïd Ahmed, a vraiment fort bien fait les choses. Partis d'Alger, le matin, en automobile, par une radieuse journée de printemps, nous avons gravi à bonne allure les rampes de l'Atlas, et nous voici sur les hauts plateaux. Quelques instants d'arrêt à Aumale. Vers midi, un peu après le village de Sidi-Aïssa, le caïd nous attendait. Au bord d'une vaste prairie verdoyante, une grande tente a été dressée. On nous sert un délicieux déjeuner dont le mechouï, le rôti d'un jeune agneau, compose le plat principal. Le caïd, un type très moderne de chef arabe, issu d'une famille de marabouts et exerçant par là une certaine influence, nous parle de ses propriétés, de ses troupeaux et de ses chasses. Il nous invite à venir avec lui poursuivre la gazelle.

Nous partons après déjeuner pour Bou-Saada. Pendant un arrêt de notre automobile, nous avisons, étendu tout le long sur le talus, une fleur dans sa bouche entr'ouverte, un vieillard décrépi et cassé, qui dort au grand soleil. Il se réveille et mon compagnon se met à converser avec lui. « Je suis bien fatigué, bien vieux dans le vaste monde, lui dit le vagabond ; il ne me restait qu'un fils. Or, il s'en est allé à Bou-Saada. Voici que quelqu'un, sur la place publique, a crié tout d'un coup : « Qui veut s'engager au service des Français pour faire la guerre ! » Il a levé la main et répondu : « Moi, je veux m'engager ». Personne ne l'a poussé, il est parti. Et je suis depuis des mois, tout seul, sans nouvelles de lui. Que la volonté d'Allah soit faite ! »

Ce vieillard au bord de la route, c'est le symbole même de la résignation musulmane.

L'oasis de Bou-Saada est une chose précieuse et rare entre toutes. Elle possède je ne sais quelle douceur discrète et comme enveloppée. Elle apparaît comme un coin du paradis. Elle mérite le nom que lui ont donné les Arabes : la *Retraite du bonheur*.

Le peintre Dinet, en a fait son lieu de prédilection. Il y arrive tous les ans au commencement du printemps, et il y reste jusqu'à l'automne. C'est alors que la lumière est particulièrement belle, que les sables, les rocs, les dunes des environs prennent, sous l'ardent soleil, ces teintes d'un fauve éclatant qui contraste avec le bleu du ciel, avec le vert des palmeraies. Dinet nous reçoit dans sa petite et simple demeure où tout est d'un pur style arabe, architecture, décoration, ameublement, sans oublier les serviteurs.

Nous allons voir danser les Ouled-Naïl. Leur danse a plus de caractère et de saveur qu'à Biskra, où l'affluence des étrangers a quelque peu corrompu les traditions. Elle conserve cette gravité hiératique qui semble jaillie, depuis des siècles, des profondeurs de l'Orient. Parmi ces danseuses, une bédouine très jeune et très jolie exécute une danse d'un caractère différent, plus lascive et plus vive, où la poursuite fait s'agiter et frémir non seulement les hanches et la croupe, mais la gorge et les seins. On l'appelle la *danse de la perdrix*. Elle simule la frayeur de l'oiseau au moment où, subitement découvert, il se lève effarouché et se prépare à s'envoler.

Rivière Bou Saada.

Dans le vieux Biskra.

Comme nous l'applaudissons, une autre de ces danseuses, déjà mûre et très alourdie, mais rutilante de
bijoux et de piécettes, qui sont la preuve sonnante de
ses multiples succès, paraît quelque peu choquée de
notre admiration.

« Quoi ! Nous avons le front de remarquer une gamine
qui n'a même pas un morceau d'or sur sa maigre poi-
trine, alors que se trouve là la fameuse El Haïza, la
plus célèbre danseuse de tout le Sud. C'est vraiment
manquer de goût ! »

Son histoire est assez curieuse. Pendant quelque
vingt ans elle a couru de triomphe en triomphe. C'est
particulièrement dans le Mzab qu'elle a exercé ses
ravages. Les marchands enrichis se la disputaient, et
jusqu'aux plus dévôts personnages, confits dans leur
existence théocratique, en oubliaient les prescriptions
du Livre-Saint. Mais son ami préféré était un Chambi,
un nomade aventureux et inconstant, qui manquait plus
d'une fois ses rendez-vous. Un soir qu'elle s'était sur-
passée dans ses danses, de manière à incendier tous les
assistants, un d'entre eux lui dit : « Ton ami est là, sans
doute, et c'est pour lui que tu as si bien dansé ? »

« Quel manque de finesse, répondit-elle, c'est au contraire parce qu'il n'est pas là que j'ai déployé tout mon
art. Je veux qu'on le lui dise et qu'il en crève de dépit ! »

Nous partons de Bou-Saada, le lendemain matin,
afin de gagner Biskra par les pistes du désert. Un certain nombre d'entre elles, dans les territoires du Sud,
sont accessibles à l'automobile. Rien n'est plus agréable,
et en même temps plus imprévu, que de rouler ainsi
sur ces routes sahariennes.

Celle que nous suivons est relativement bonne. Nous
laissons à droite le chemin de Djelfa et nous suivons le
bord de l'Oued-Chaïr.

Déjeuner au moulin ben Dif. Le caïd de l'Oued-

Chaïr, un type curieux de vieil Arabe, nous offre l'hospitalité.

Une merveilleuse descente des hauts plateaux sur le Sahara. Un chemin en lacets construit avec des moyens rudimentaires. Un paysage torride, calciné. Au bas de la rampe, le petit bordj de Sadouri, où le gardien indigène nous apporte un verre d'eau fraîche.

Vers les cinq heures, campement à Bir Naam, le puits de l'autruche.

Par une fin de journée magnifique, le caïd des Ouled Zekri nous reçoit au bord d'une grande tente qu'il a fait dresser pour nous. Il n'est pas d'endroit plus délicieux.

Le caïd, jeune, de haute taille, le visage amaigri et fin, est un descendant des Cheik-el-Arab du Sahara. Ses ancêtres sont venus avec l'invasin hilalienne ; c'est un beau spécimen des grands chefs du Sud. Son père, le vieil agha des Ouled Zekri, soucieux de maintenir dans toute sa pureté la tradition nomade, ne voulut jamais coucher ailleurs qne sous sa tente. Pour la nécessité de l'administration, il s'était fait bâtir une maison dans l'oasis des Ouled Djelal ; mais devant la porte se trouvait sa grande tente où il vivait et dormait. C'est là qu'il mourut, bien après quatre-vingts ans, tel un personnage de la Bible.

Nous allons, avant le dîner, jusqu'à Doucen, une belle oasis avec un lac.

Nous couchons sous de petites tentes qui ont été dressées près de la grande. Et je m'endors de ce sommeil léger, transparent, qui laisse la perception des choses environnantes, le frottement d'un cheval couché qui se retourne, le pas furtif d'un veilleur nocturne.

Départ de bonne heure le lendemain ; à peine achevé notre petit déjeuner, les tentes sont déjà par terre, pliées, empaquetées, prêtes à être chargées sur les chameaux. Le fragile édifice qui nous abrita n'est plus : c'est l'image de la vie nomade.

Nous arrivons vers onze heures à l'oasis de Tolga, où nous attend notre ami Bou Aziz ben Gana, bach-agha des Ziban.

Tolga est une fraîche oasis où les puits artésiens, jaillissant en grande abondance, permettent de cultiver de vastes palmeraies. Nous déjeunons chez le bach-agha, dans le joli jardin qu'il y possède. Le marabout des Rahmania vient nous voir, un grand diable osseux fort connu dans la région qui parle et salue avec une extrême timidité.

De Tolga à Biskra, la route est plutôt mauvaise. La piste est difficile à entretenir à cause du *deh-deh*, une sorte de tuf qui s'effrite et multiplie les ressauts. On a toujours la ressource de mettre l'automobile sur un des wagons du petit chemin de fer qui fut construit pendant la guerre.

Arrivée le soir à Biskra. Vue de l'Ahmar Kahdou, ce paysage admirable dont on ne se lasse pas. La montagne, taillée en petites facettes, répercute le soleil comme un diamant. Ce qui est unique, ici, c'est la qualité de la lumière, qui rappelle celle de Louqsor, une des plus belles qui soient au monde.

J'ai fait, en compagnie de Bou Aziz ben Gana, de bien jolies promenades à cheval à travers l'oasis de Biskra. Nous partions le matin d'assez bonne heure. Nous remontions l'Oued pour gagner la rive opposée e redescendre ensuite en contournant l'oasis. A cette époque de l'année, vers le milieu du mois de mai, la moisson battait déjà son plein. Pour y participer, une foule de nomades accourus de tous les points du désert, avaient dressé leurs tentes à la lisière des palmeraies. C'était partout un grouillement extraordinaire de bêtes et de gens ; sur des aires improvisées, hommes et femmes battaient les gerbes ; des chameaux, des cheveaux, des ânes broutaient les chaumes. A peine approchions-nous des campements que de maigres chiens arabes se précipitaient au-devant de nous, pour mordiller le jarret de nos chevaux. Des femmes sorties des tentes les rappelaient avec de grand cris gutturaux.

Il y a tout autour de Biskra un chapelet d'oasis, vers lesquelles peut à son choix se diriger le touriste: Sidi Okba, où repose, dans un cercueil enveloppé des étoffes les plus rares, le fameux capitaine arabe qui submergea de ses troupes victorieuses toute l'Afrique septentrionale et poussa son cheval jusque dans les flots de l'Océan, au-delà des colonnes d'Hercule. Le marché de la petite ville est des plus pittoresques. Les jardins des plus réputés produisent de merveilleuses oranges sanguines, les meilleures, paraît-il de toute l'Algérie. Rien n'égale la saveur, la douceur de cette pulpe juteuse, à la fois sanglante et sucrée.

Dans un de ces beaux jardins qui est la propriété du bach-agha, un parent de Bou Aziz nous offrit un excellent déjeuner. C'était dans un joli kiosque ajouré, perdu au milieu des orangers. Partout des rigoles où s'écoule l'eau bienfaisante, descendue des montagnes de l'Aurès. Au milieu des sables qui nous entouraient de toutes parts, sous la chaleur déjà grande, c'est un délicieux asile de bien-être et de fraîcheur.

L'excellent chemin de fer de Biskra à Touggourt, le B. T., comme on l'appelle, semble avoir été créé tout exprès pour faciliter aux touristes la traversée de l'Oued Rhir, le pays de la datte et la visite de Touggourt, sentinelle avancée vers le grand Sahara.

Le jaillissement des eaux souterraines. dont les nappes abondantes sourdent des puits artésiens; l'humidité d'un sol sur qui l'ardent soleil déverse ses rayons, voilà le miracle de l'Oued Rhir. Ajoutez-y le travail obstiné, persévérant, grâce auquel d'immenses

Dans le vieux Biskra. — Une fête arabe.

Sud-Algérien. — Une rue à Tolga.

Campement de nomades.

Sud Algérien. — Gorges d'El-Kantara

palmeraies alignent de tous les côtés leurs nouvelles plantations.

Touggourt, mystérieuse et toute blanche, offre une vision purement africaine. Le désert est là, tout proche. On le devine ; on le sent. A peine est-on sorti de l'oasis, à peine a-t-on dépassé les derniers palmiers que la piste allonge son interminable ruban vers Ouargla, à travers l'empire illimité des sables, jusqu'au pays des Touareg, jusqu'au cœur même de l'Afrique.

A Touggourt fait son apparition le véhicule approprié aux sables, la voiture légère dont les roues sont munies de larges palettes. C'est d'ici qu'on part de préférence pour gagner le Souf, El Oued, la plus curieuse des oasis où les palmiers sont enterrés dans des espèces d'entonnoirs très profonds, afin que les racines des arbres puissent plonger dans la nappe d'eau souterraine. Pour les amateurs de « camping », c'est, de beaucoup, l'excursion la plus attrayante qu'on puisse entreprendre dans l'Extrême Sud.

+>-+>-+<-+<-+

Dans l'Aurès.

L'Aurès est avec le Mzab une des merveilles de
l'Algérie. Parmi toutes les étranges régions que j'ai
parcourues (et j'en ai parcouru beaucoup!) il n'en est
aucune qui m'ait laissé un souvenir aussi saisissant.

Pour visiter l'Aurès, quelques préparatifs sont
nécessaires. Il n'existe de routes carrossables que dans
une des deux vallées qui coupent ce massif montagneux,
celle de l'Oued Abdi ; l'autre, de beaucoup la plus
belle, celle de l'Oued el Abiod, doit être descendue à
cheval. Il n'y a nulle part d'auberges, mais seulement
quelques refuges ou fondoucks, installés par les soins
du Gouvernement Général, où le voyageur, s'il peut
trouver un gîte, n'est pas sûr de trouver un couvert,
du moins un couvert très abondant. Il faut songer plus
ou moins, à propos des fondoucks, à la boutade d'Adrien
Hébrard : « l'amour est comme les auberges d'Espagne :
on n'y trouve que ce qu'on y apporte ».

Mais tous ces arrangements — c'est là un point
important, — sont extrêmement faciles. De Biskra
notamment, rien n'est plus aisé que de commander
quelques mulets et quelques provisions. L'Administrateur de l'Aurès, qui réside à Arris, fait toujours de
son mieux pour faciliter l'excursion, qui ne peut pas
être entreprise en hiver, car le massif de l'Aurès, le
plus élevé de l'Algérie, possède des points dépassant
2.000 mètres d'altitude.

Au printemps, alors qu'il y a de l'eau dans tous les torrents, cette excursion est un enchantement !

En mai 1918, nous partîmes un soir de Biskra pour aller coucher à El Kantara, un des plus jolis endroits de l'Algérie.

Départ le lendemain matin, déjeuner de bonne heure à Batna. Visite de Timgad qui se trouve à la porte même de l'Aurès. Ce qu'il y a d'admirable dans ces ruines, c'est d'abord qu'elles forment un ensemble complet. Rien n'y manque de ce qui constitue la petite ville romaine. C'est ensuite qu'elles surgissent d'une façon inattendue et subite dans une région quasi désertique.

Sentinelle avancée de Rome, chargée de monter la garde au pied des monts, pour surveiller et contenir des populations turbulentes, tel était le rôle de Timgad.

Après Timgad, une rude grimpée à travers des pâturages et des prés, dans un pur paysage de montagne, et même de grande montagne. Nous voilà bien loin de l'Algérie telle qu'on se la figure communément chez nous.

Une descente extrêmement rapide dans une vallée sauvage, sans villages, sans maisons ; la route excellente s'enfonce de plus en plus.

Nous arrivons à Menaa. L'aspect du village est étrange. Les petites maisons serrées, collées les unes contre les autres, telles les alvéoles d'un gâteau de miel, offrent un aspect des plus pittoresques. Nous sommes en plein pays berbère. Et cependant tout est sensiblement différent de la Kabylie, l'architecture des maisons, les vêtements des hommes et des femmes, le mobilier, les bijoux, etc. C'est que l'Aurès, par suite de son éloignement, de la hauteur de ses cols et de ses monts, privé de routes, presque inaccessible, a conservé son originalité farouche. De temps à autre, de siècle en siècle, les vagues des invasions ont passé sur lui, puis elles se sont retirées, laissant les montagnards continuer leur libre existence.

Le petit fondouck se trouve au pied du village, dans la vallée. Donnant sur une cour intérieure où nous dînons en plein air, quatre ou cinq chambres, pareilles à des cellules, pourvues d'une literie, d'un mobilier rudimentaires, mais, somme toute, très suffisants.

Nous repartons le lendemain de bonne heure. Menaa étant le point terminus de la route, nous remontons la vallée de l'Oued Abdi. Nous refaisons, en sens inverse, le chemin parcouru la veille. Nous franchissons un nouveau col fort élevé et nous voici à Arris, le chef-lieu administratif de l'Aurès. L'administrateur nous y reçoit dans son avenante demeure. Il est en culotte et en guêtres, car ses fonctions n'ont rien de sédentaire. Elles consistent à courir à cheval les monts et les vallées. Il est quelque chose d'intermédiaire entre un agent militaire et un agent civil.

Chevaux et mulets sont déjà sellés. Nous les enfourchons et la descente commence dans la vallée de l'Oued el Abiod. Un paysage alpestre sous un ciel africain, voilà le charme inexprimable de l'Aurès. J'ai ressenti dans d'autres contrées, en Grèce, en Asie Mineure, au Caucase, la joie que font les eaux murmurantes, au pied de montagnes calcinées, dans un ciel torride et noyé de lumière. Nulle part cette joie, qui naît du contraste, n'est aussi vive qu'ici. La vallée tout entière n'est qu'un ruissellement d'eaux murmurantes, gazouillantes. Le torrent est saigné de toutes parts par les conduites et les seguias. C'est à peine si dans le fond, parmi les pierres, zigzague un mince filet. Mais toutes ces sources adroitement, ingénieusement captées, circulent à flanc de coteau, visitent le moindre jardinet, arrosent la moindre motte de terre, de sorte que la vallée tout entière est remplie du bruissement des eaux.

Voilà longtemps qu'il en est ainsi. Qand on franchit

Une caravane traversant les gorges d'El-Kantara.

Ruines de Djemila, par Saint-Arnaud.

les défilés étroits, on aperçoit de place en place, sur les parois des roches, des rigoles creusées au pic. C'est l'œuvre des légionnaires romains ! La captation, l'utilisation des sources a toujours été ici le grand, on peut même dire l'unique problème. Ces montagnards, avec leurs procédés rudimentaires et qui n'ont guère changé depuis vingt siècles, ne sont pas sans gaspiller quelque peu cette richesse, précieuse entre toutes : l'eau. Il n'est pas rare de voir dériver du torrent une conduite qui n'a d'autre objet que d'arroser deux ceps de vigne ou le pied d'un maigre figuier. Toute l'eau qui se perd ainsi serait autrement utile dans les oasis fertiles de la plaine où elle ferait pousser les moissons abondantes et les riches palmeraies.

Nous faisons halte pour le déjeuner dans un délicieux jardin où se pressent tous les arbres de France, les amandiers, les abricotiers, les pêchers. Une courte sieste à l'ombre, et la descente féérique recommence. Elle dure presque vers le soir. Le lit du torrent se resserre de plus en plus. L'étroite vallée devient une gorge où, dans l'éboulis des roches, dans l'extraordinaire enchevêtrement des arbustes, des plantes grimpantes, il est impossible, même à un piéton, de se frayer un chemin. Il faut abandonner, pour un temps, la rivière et remonter sur le plateau. Après avoir cheminé ainsi une heure environ, dans une région sauvage et dénudée, nous voici subitement sur le rebord abrupt d'une cassure, d'une gorge extrêmement profonde. A deux cents mètres au-dessous de nous, comme jailli des profondeurs de la terre, dans une sorte d'entonnoir qui rappelle les cañons du Colorado, c'est la palmeraie, l'oasis tout entière de Rouffi. Je n'ai, nulle part, rien vu de plus magnifique, de plus impressionnant.

Les palmiers emplissent tout le creux de la vallée qui, à cet endroit s'est élargie. C'est comme une coulée de plantes vertes, un fleuve de palmes, entre de hautes

murailles de rocs qui le sertissent. Un étroit sentier de
chèvres, plus semblable à un escalier qu'à un chemin,
nous permet de descendre dans le cirque. Nous traver-
sons la rivière, nous remontons de l'autre côté jusqu'au
village de Rouffi dont les maisons sont tapies contre les
rochers, comme on en voit aux endroits les plus sauvages des gorges du Tarn. Le fondouck a été placé à
l'extrémité du village, dans une vaste anfractuosité.
C'est le rocher lui-même qui en constitue la toiture. On
a l'impression de loger dans une grotte.

La joie du réveil, le lendemain, dans cet endroit pro-
bablement unique au monde, sur ce balcon suspendu
entre ciel et terre, au-dessus de l'abîme. Les profondeurs de la vallée sont encore dans l'ombre, mais déjà
le soleil illumine les sommets opposés. A mesure que
ses rayons plongent vers le fleuve, toute la palmeraie
paraît s'animer, s'agiter, s'éveiller.

Une femme aurasienne, tenant à la main un petit enfant, essaye d'escalader la pente raide qui conduit
vers notre demeure. Deux fois elle tombe ; deux fois
elle se relève, reprenant sa pénible ascension. Arrivée
juste au-dessous de notre terrasse, elle prend une atti-
tude suppliante, et d'une voix infiniment douce, une voix
de fillette, elle commence à parler. Il est impossible,
d'en haut, de rien comprendre à son discours qui fait
l'effet d'une plainte murmurante, d'une mélancolique
modulation. L'administrateur qui nous accompagne en-
voie un de ses cavaliers auprès de la suppliante. Il
s'agit, paraît il, de la jeune femme d'un soldat indigène
parti pour la guerre et n'ayant, depuis, jamais donné
de ses nouvelles. Sachant que des chefs français avaient
passé la nuit dans le village, elle est venue vers eux
pour leur exposer sa misère, pour se plaindre aussi de
n'avoir pas encore reçu d'allocation. L'administrateur
prend son nom et promet, dès son retour, de lui faire
accorder satisfaction. La jeune femme alors s'incline

par trois fois en portant sa main à sa bouche puis à
son cœur. Elle redescend la pente, drapée dans sa robe
de laine, son enfant sur son épaule comme une am-
phore, dans de belles attitudes qui rappellent un bas-
relief antique.

Nous quittons Rouffi quand le soleil, déjà haut,
inonde les gorges profondes, fait couler un flot de
lumière sur la verte palmeraie. Pendant deux heures
et plus, nous suivons le lit du torrent. Pas de chemin.
Chevaux et mulets passent comme ils peuvent, tantôt
dans la rivière elle-même, avec de l'eau jusqu'aux
étriers, tantôt sur l'une ou l'autre berge, à travers les
palmiers et les vergers.

C'est un inextricable fouillis de végétation, tour à tour
sauvage et cultivé, mais par quels procédés de culture
rudimentaire.

Cette route se poursuit ainsi, zigzagante et pleine
d'imprévu, faisant paraître à chaque tournant du torrent un paysage inattendu, un coin de gorge sauvage
que forme une vallée latérale, les pans abrupts et me-
naçants d'un rocher qui barre le torrent, puis quelques
maisons de montagnards, fantastiquement juchées à la
cime d'un éperon. On passe devant le village de Ba-
niane, avec sa guelaa si pittoresque, sorte de magasin
collectif où les indigènes serrent leurs provisions.

Les montagnes deviennent de plus en plus hautes, la
gorge de plus en plus profonde ; d'énormes rochers
encombrent le lit de la rivière, au milieu desquels il est
impossible de trouver un chemin. Force est de quitter
la vallée, d'escalader, par un étroit sentier, la pente
roide, de grimper à pic tout en haut de la montagne.
Maintenant, la vallée, la rivière ne s'aperçoivent plus.
A peine une étroite fente, comme une lèvre entre les
roches qui se rejoignent presque, décèle sa présence.
Nous continuons à grimper, parmi les pierres, par une
terrible chaleur, dans un paysage calciné, où pas même

un brin d'herbe ne pousse. Nous arrivons au col, très élevé. Là, c'est un éblouissement.

A nos pieds,. tout en bas, l'oasis verdoyante de Mchounèche, le petit village enfoui parmi les palmiers. Plus loin, beaucoup plus loin encore, Biskra et ses immenses palmeraies. À l'extrême horizon, de tous côtés, le désert, pareil à une mer illimitée.

C'est, de beaucoup, la vision du Sahara la plus magnifique et la plus impressionnante qu'on puisse avoir en Algérie.

Ensemble des ruines de Timgad.

TIMGAD.

Le Miracle du Mzab.

En me réveillant à Laghouat, une exquise matinée de
printemps, je songe que l'année dernière, en ce jour,
à cette heure, par un des plus rudes contrastes de mon
existence vagabonde, je me trouvais au fond de l'Asie-
Mineure, à Erzeroum, en train de parcourir le front
du Caucase pour observer sur place, à quel degré de
décomposition la politique des révolutionnaires avait
déja amené l'armée russe...

Rien n'égale le charme de cette oasis. Après une
longue randonnée par la monotonie des hauts plateaux,
le long de plaines interminables où ne poussent que
quelques tiges d'alfa, on se trouve subitement dans un
paradis de verdure et de fraîcheur, rempli du bruissement, du gazouillement des eaux courantes.

Les semis d'orge, au pied des hauts palmiers, d'un
vert tendre et délicat, sont une caresse, un rafraîchis-
sement pour l'œil. Aux arbres africains se mêlent partout ceux de France, l'abricotier, le pêcher chargé de
ses fleurs, l'amandier ; les ceps flexibles de la vigne se
marient aux troncs lisses et sveltes des palmiers.

Partis d'Alger trois jours plus tôt, nous avons couché à Médéa, grimpé sur les hauts plateaux, à travers des forêts incendiées, atteint la région des dunes de
sable. A Aïn-Maabed, deux cavaliers nous attendent
pour nous amener chez le Bach-agha, Si Ahmed ben
Cherif, qui dans sa maison aux trois quarts euro-

péenne, nous a offert un somptueux déjeuner où le méchoui traditionnel, se mêle aux nombreux ragoûts, aux mille pâtisseries arabes, d'ailleurs délicieuses.

Ce vieillard de la Bible, avec sa tête expressive, énergique et rusée, n'a pas moins de trente-deux enfants.

Coucher à Djelfa, enfermé dans ses murailles, avec ses rues larges, banales et monotones, qui n'est qu'un poste, un camp, un lieu d'étape.

Arrêt au caravansérail d'Aïn el Ibel, très bien tenu par une Française. Arrivée le soir à Laghouat.

L'Algérie, tant est grande la variété de ses aspects et de ses sites, vous fait parcourir, en quelques jours, presque en quelques heures, le cycle tout entier des saisons. Nous avons quitté la côte par une belle journée de printemps. A Djelfa, sur les hauts plateaux nous avons retrouvé l'hiver. A Laghouat, c'est de nouveau le printemps, mais plus avancé et plus chaud. A Ghardaïa, ce sera l'été.

Laghouat est une petite ville franco-arabe, au bord de sa rivière au milieu de son oasis. Deux collines jumelles la dominent. Dans l'une se trouve l'hôpital, et dans l'autre le fort. Du haut de cette dernière, on a une vue magnifique sur toute la palmeraie, sur le vert intense, presque irréel, des orges et des jeunes blés ; au delà, les pierres et le sable.

Nous partons le lendemain matin pour Ghardaïa, l'une des villes du Mzab ; la piste est excellente grâce à la surveillance des autorités qui ont réservé une route spéciale pour les voitures munies de roues caoutchoutées. Nous déjeunons au caravansérail de Tilremt, le fief d'El Haïd, roi des cuisiniers, le Vatel de l'Extrême-Sud. Il nous sert un repas qui, certes, rendrait jaloux le meilleur cuisinier de Larue et de Voisin. El Haïd, veillard alerte et toujours souriant, a la physionomie très fine. Mais sa cuisine est beaucoup plus fine encore que sa physio-

nomie. Au menu, le rôti d'un agneau de lait, un cuissot
de gazelle en venaison, une outarde. Je ne dirai rien
des pâtés et des entremets, où il s'est surpassé.

Après Tilremt, c'est la région des « dayas ». Dans
tous les creux, où un peu d'eau, un peu d'humidité se
rassemble, pousse le *béloum,* un arbre dont on peut
dire que vraiment il se contente de peu ! Pour arriver
à vivre, à se développer dans cette aridité il lui faut
réunir le maximum de sobriété. Il est à n'en point
douter parmi les arbres ce qu'est le chameau parmi les
bêtes. Ses racines boivent quand elles le peuvent. Ses
branches, d'un gris poussiéreux, s'harmonisent à merveille avec les sables et les pierres des alentours. Au
printemps, elles se couvrent de minuscules feuilles
vertes.

Nous entrons ensuite dans une région pétrifiée, squelettique, une suite de paysages lunaires qui paraissent
le domaine de la désolation et de la mort. Les Arabes lui
ont donné le nom imagé de « Chebka » le « filet » parce
que les stries de ce terrain calciné rappellent en effet
les mailles d'un filet. Depuis longtemps, l'alfa a disparu. Il n'y a plus que de jaunes et sèches graminées
qui poussent tant bien que mal dans les interstices de
ces rocs. Quelques troupeaux, moutons, chèvres, chameaux sont à la recherche de cette maigre nourriture.
Il se produit là de curieux phénomènes d'érosion. Une
pierre plus résistante que les autres à l'action des eaux
reste, par endroits, fichée en terre pareille à une stèle.
On l'appelle un *témoin.*

Au détour de la piste, une surprise. Voici des palmiers et des orges. C'est l'oasis de Berianne, la première des villes du Mzab. Cette oasis, comme toutes
celles qui suivent, est vraiment une conquête de
l'homme sur la nature environnante.

Après Beriane, la Chebka devient encore plus sauvage, plus dénudée, plus désolée. Une montée en lacets

à travers un extraordinaire cirque de pierres. Un ravin à droite, une descente brusque, puis subitement des tiges de palmiers montrent de toutes parts leurs bouquets de verdure. C'est l'oued Mzab qui contient le chapelet des saintes villes mozabites. Un blockhaus sur une hauteur opposée domine Ghardaïa qui ne s'aperçoit pas encore.

Nous descendons de l'automobile, et faisons à pied deux cents mètres pour arriver jusqu'au bord du ravin. L'impression d'ici est saisissante. Ce ravin aride, perdu dans cette immensité, séparé, isolé de toutes parts, par les pierres et les sables, apparaît tout peuplé de villes. La plus grande de toutes, Ghardaïa, est une dégringolade de maisons, pareilles à des cubes de pierre, percés de trous réguliers. Dominant toutes ces constructions, un minaret d'une forme étrange, une pyramide aux multiples faces. A gauche, une autre ville, juchée sur un piton : Melika ; plus loin, Beni Isguen, la ville sainte par excellence.

Le premier aspect de Ghardaïa est extrêmement original. La grande place du marché est environnée d'arcades. Là se trouve la maison commune où siège la djemaa, l'assemblée des notables. A l'un des coins, des chameaux accroupis et couchés ; tout près, un troupeau de moutons.

Vers le soir, une admirable lumière d'un jaune d'or éclaire Melika, dont la silhouette garde longtemps les reflets du soleil couchant. Il règne dans ce coin reculé, une tranquillité, une paix sans pareille. Le silence n'est coupé que par une rumeur sourde, comme assoupie, et aussi par le grincement ininterrompu des poulies et des treuils qui, à grand ahan, tirent, sans arrêt, l'eau des puits profonds. Et comme, en dépit des apparences, on comprend l'attachement que ce lieu lointain inspire à ses habitants ! Derrière cette barrière de stérilité et de mort, des hommes enflammés de la passion

TIMGAD. — Arc de Trajan.

TOUGGOURT. -- Le marché.

religieuse sont venus chercher un refuge où ils pour-
raient, à l'abri de toute persécution, pratiquer librement
leurs croyances.

Les Mozabites sont des Berbères appartenant à une
secte dissidente de l'Islam, les Ibadites qui, au xe siècle,
conquirent le nord de l'Afrique et fondèrent le royaume
de Tiaret. Persécutés violemment par les Arabes, qui
les regardaient comme des hérétiques, ils n'eurent pas
d'autre ressource que de s'enfuir vers le désert, dans
un lieu aussi éloigné, aussi inaccessible que possible.
Certes, il aurait fallu aux poursuivants beaucoup de
bonne, ou plutôt de mauvaise volonté pour essayer de
les atteindre jusqu'ici.

Etroitement attachés à leur rite, à leur culte, ils sont
sous la dépendance presque absolue des prêtres, les
tolba, qui gouvernent despotiquement cette petite république théocratique. Au moment de notre voyage au
Mzab, il s'agissait de faire comprendre à ses habitants
qu'ils devaient fournir à la France un nombre de com-
battants, ou tout au moins d'ouvriers militaires, à peu
près équivalent à celui des Arabes. Là-dessus, grande
agitation, grande rumeur chez les prêtres et dans les
djemaa. C'est que les Mozabites ne sont, à aucun degré, une race guerrière. Ils ne manquèrent pas de le
dire, et même de le crier. Tous leurs talents, toutes
leurs aptitudes se tournent vers le négoce. Ils sont à la
fois les « Quakers » et les « Phéniciens » de l'Islam !

Quelles que soient leurs habitudes de parcimonie et
de travail, cette aride contrée est beaucoup trop pauvre pour nourrir tous ceux qui la peuplent ; force est
donc au plus grand nombre, les plus actifs, les plus
jeunes, de s'expatrier, d'aller dans le Tell, où ils acca-
parent une bonne part du petit et du moyen commerce.
Ce sont eux qu'on voit gras, bouffis, le teint livide, dans
les boutiques, derrière les échopes. Ils laissent au Mzab
leurs enfants et leurs femmes. Les traditions les y

obligent. Ils y retournent de temps à autre. Toujours ils y viennent mourir. Ce serait, pour eux, une profanation, un sacrilège d'être enterrés ailleurs que dans le cimetière de leurs aïeux.

Après le déjeuner, le lendemain, par une chaleur acablante, je parcours, à cheval, l'oasis de Gardaïa. La route est en pierre calcaire, toute blanche, sur laquelle le soleil répercute ses terribles rayons. Le lit de l'Oued est desséché, sans la moindre trace d'eau ni même d'humidité. Il en est presque toujours ainsi. Car il ne pleut dans le Mzab qu'une fois tous les sept ou huit ans. Le sable et le désert, peu à peu, finissent par tout envahir.

Voici, cependant, les premiers palmiers et les premiers puits. Il faut avoir vu les puits du Mzab pour imaginer jusqu'où peuvent aller l'ingéniosité et la persévérance des humains. Ces puits sont à une profondeur qui varie de trente à quatre-vingt-dix mètres. Le mécanisme en est des plus curieux. Aboutissant à la margelle légèrement surélevée, un chemin incliné d'une dizaine de mètres, sur lequel va et vient le chameau, ou le bourricot qui tire le long câble enroulé autour de la poulie. Quand la bête parvient à l'extrémité de sa course, l'outre en peau de chèvre, la « guerba » arrivant en haut du treuil, une petite corde latérale la fait adroitement basculer et l'eau, déversée dans une auge, s'écoule dans les rigoles pour arroser tout le jardin. On entend ainsi, de tous côtés, le grincement des treuils et des cordes. C'est le bruit caractéristique du Mzab. Songez au travail, à la fatigue, aux efforts surhumains que tout ceci représente. Il a fallu, d'abord, creuser les puits, ce qui n'est pas une mince besogne. Il faut ensuite les maçonner et les entretenir. Il faut tirer l'eau sans relâche, car le soleil implacable aurait vite fait de dévorer plantes et arbres. Toutes les rigoles sont d'un ciment très dur, fabriquées d'une manière si parfaite, que pas une goutte ne saurait se perdre. Cette suite ininterrompue d'efforts et de soins obstinés arrivant à violenter une nature hostile et farouche, c'est proprement le *Miracle du Mzab*.

Aucun de ces jardins ne rapporte, à beaucoup près, l'équivalent de ce qu'il coûte en travail et en dépense ; c'est donc un véritable objet de luxe. Avec l'argent gagné ailleurs, dans le négoce, le Mozabite entretient son jardin, ainsi qu'un lord britannique paie, avec le produit de ses mines, les frais énormes de sa propriété à la campagne.

Des treilles magnifiques escaladent les palmiers, les arbres fruitiers. Les carrés d'orge sont d'un vert éclatant. Partout des chants d'oiseaux, une ombre délicieuse et fraîche...

Nous allons, le soir, à Melika, sur la hauteur, d'où la vue domine toute la vallée. Les puits, ici. sont tous à plus de soixante-dix mètres. Deux ou trois seulement ont encore de l'eau. C'est que, depuis trois ans, il n'est pas tombé une goutte de pluie ; l'Oued qui est en bas, à nos pieds, est en train de se dessécher et de tarir. Les jardins, peu à peu, sont tous envahis par le sable.

On a envie de crier à ces gens : « Pourquoi ne quittez-vous pas cette terre trop marâtre, pourquoi n'allez-vous pas ailleurs, où il pleut, où le sol est plus fertile ? »

Ils restent malgré tout, cramponnés obstinément à ce pays de pierres. Qui plus est, ils y reviennent aussitôt qu'ils ont fait fortune en d'autres lieux. Un des notables qui nous reçoit à Melika, et nous offre des rafraîchissements, est le riche propriétaire d'un bain maure d'Alger.

Nous allons, le lendemain, à Guerrara, qui est comme un avant-poste du Mzab, à quatre-vingt-dix kilomètres vers le nord-est. Une piste magnifique, où notre automobile roule comme sur du macadam ; mais quelle aridité, quelle désolation ; cependant, nous croisons çà et

là des troupeaux qui, dans les bas-fonds, dans le lit
desséché des Oued, trouvent à se nourrir tant bien que
mal. Quelques cavaliers montés sur des méhara, par
couples, jalonnent le chemin. Ce sont des Chamba
enrôlés à notre service qui, sur leurs selles aériennes,
ont vraiment une superbe allure.

Guerrara est la plus curieuse peut-être des villes du
Mzab. Une étrange réception nous y attendait. Une
centaine d'enfants et de jeunes gens juchés, qui sur des
bourricots, qui sur de maigres haridelles, entourèrent
tout d'un coup notre automobile et se mirent à galoper
éperdument derrière nous. La plupart d'entre eux
avaient, en guise d'étriers, passé leurs pieds dans le
bout d'un sac qui pendait de côté et d'autre du bât.
Cette bousculade, cette galopade des Mozabites, dont
on ne peut pas dire qu'ils soient des cavaliers nés, était
un spectacle irrésistiblement comique. A tout instant
quelqu'un d'entre eux dégringolait du haut de sa mon-
ture et roulait au milieu du tas.

Le Caïd de Guerrara, un vieillard énergique, ayant
l'air de tenir son monde avec beaucoup d'autorité, nous
offrit la diffa. L'oasis, ici, est un peu plus fertile, un
peu moins difficile à cultiver qu'à Ghardaïa. L'Oued
coule beaucoup plus souvent et il y a de l'eau dans les
puits. Au retour, par une fin de jour très chaude, nous
vîmes, dans les ravins, quelques groupes de gazelles qui
s'enfuyaient à notre approche, ainsi que deux ou trois
outardes.

Le fils du Bach-agha voulait nous offrir, près de Laghouat, une belle chasse aux faucons. Il en possède
un équipage dressé comme au Moyen Age. On
lâche les oiseaux au moment des amours. Le fauconnier les rattrape ensuite. La chasse est des plus pittoresques. Le fauconnier, à cheval, porte sur son gantelet
l'oiseau encapuchonné. On le décapuchonne sur le terrain. Il s'enlève hardiment, fouille de ses yeux perçants

Les terrasses de Touggourt.

Arrivée des premiers Touareg à Touggourt.

l'horizon, survole la bête qu'il aperçoit : outarde, perdrix, lièvre, se laisse choir sur elle et la saisit de ses griffes acérées. Malheureusement, nous étions très pressés de rentrer à Alger. Nous fûmes obligés de décliner cette attirante invitation.

A Ghardaïa, comme à Touggourt, on se trouve sur la frontière même du grand désert. L'odeur du Sahara flotte en quelque sorte dans l'atmosphère. Le méhari fait son apparition, qui est au chameau ce qu'est le pur-sang au cheval.

Il provient d'une sélection opérée parmi les bêtes les plus fines, les plus vigoureuses. Le jeune méhari est l'objet de soins très particuliers, sur lesquels le général Daumas donne de curieux détails dans son livre *Le Grand Désert*, qui, bien qu'un peu ancien, n'en reste pas moins fort intéressant.

On le soumet surtout à un dressage, à un entraînement très minutieux. On l'accoutume à s'agenouiller, à se relever sur un simple signe de son maître. La selle du méhariste, la « rahla », est d'une forme très pittoresque. Le cavalier s'y trouve assis comme dans un siège aérien, les jambes allongées sur l'encolure de l'animal.

Ouargla, Insalah, le Hoggar, le pays des Touareg, tout au loin, bien loin, Tombouctou la mystérieuse, les rives du Niger, le pays des noirs, telles sont les étapes qui jalonnent la traversée du « pays de la soif ».

Daumas, par la bouche d'un marchand indigène, a fait revivre la vie des caravanes, qui, depuis des siècles, traversaient le Sahara pour aller au Soudan échanger leurs produits contre la marchandise la plus précieuse de toutes : les esclaves. Il faut lire dans son livre tout ce qui touche à l'organisation des caravanes qui se donnaient un chef dictateur, maître absolu après Dieu, comme le capitaine à bord de son navire, leurs privations, leurs souffrances, leurs dangers au cours de cette interminable route, le passage difficile à travers

le pays des Touareg, l'arrivée chez les noirs, le troc de
la toile et de la cotonnade contre la chair humaine, les
esclaves par chapelets, attachés par le cou à une même
fourche pour empêcher les évasions, la surveillance
rigoureuse qu'on exerçait sur eux tant qu'on était près
de leur pays, puis, au fur et à mesure qu'on s'en éloi-
gnait, les précautions se relâchant, si bien qu'on les
laissait libres d'aller et venir à leur guise, quand on
avait parcouru une partie du Désert.

Dans son ouvrage, à la fois amusant et instructif, la
Conquête du Sahara, où il a résolu le difficile problème
de marier la géographie et l'humour, M. Gautier montre les étapes successives de notre poussée vers le Sud,
l'organisation des territoires sahariens, la création du
corps des méharistes, qui, anciens voleurs pour la plupart, promus à la dignité de gendarmes, patrouillent de
toutes parts à travers le désert et y font régner une
sécurité relative.

En attendant le chemin de fer transaharien qui ris-
que, au demeurant, de se faire attendre assez longtemps
encore, l'automobile, l'aéroplane, se sont lancés à la
traversée du Sahara. On pourrait croire que le problème a été résolu par eux. Seulement, ceci est un point
important, il ne l'a été qu'au prix d'une organisation
minutieuse, difficile et compliquée, dont le chameau,
l'antique et éternel « vaisseau du désert » a fait, si l'on
peut dire, tous les frais. Car, pour que l'automobile et
l'avion puissent effectuer cette longue randonnée, il est
indispensable de jalonner leur route par de nombreux
et importants dépôts d'essence. C'est là le grand, l'unique problème. Or, toutes ces caisses de pétrole sont
transportées uniquement à dos de dromadaire.

En 1918, afin de rendre possibles ces randonnées
sahariennes, l'autorité militaire avait dû réquisitionner,
à grande dépense, d'énormes troupeaux de chameaux,

et priver ainsi partiellement les indigènes d'une bête de somme qui leur est indispensable.

La plupart de ces animaux étaient morts à la fatigue. Car on a raconté d'extraordinaires histoires (c'est une des parties les plus curieuses du livre de Gautier) sur la sobriété, l'endurance, la résistance illimitée du chameau. Cette sobriété n'est point du tout ce qu'un vain peuple pense. Il n'y a rien, au contraire, de plus capricieux, de plus exigeant et même, pour si paradoxal que cela paraisse, de plus délicat que cet animal. Dès qu'on s'avise de lui imposer le moindre surmenage, pour quelques journées de travail supplémentaire, il faut lui accorder ensuite l'équivalent en vacances et en repos. Et si on les lui refuse, il a une manière à lui de protester ; il se couche sur le sable et meurt sans dire ouf !

Vers l'Oranie,
par Cherchell et Ténès

→>◄◄→>◄◄

Quand on a dépassé Tipaza, on laisse sur sa droite l'énorme promontoire du Chénoua, avec ses criques curieusement découpées, ses belles carrières de marbre. Tous ceux à qui le temps n'est pas trop mesuré feront sagement de se détourner un peu de la grande route afin de pousser jusqu'à l'extrémité même du cap.

Après un court détour dans l'intérieur des terres, le chemin rejoint le littoral et nous voici à Cherchell.

Tipaza vaut surtout par son site; Cherchell par son musée qui est incomparable, par les belles statues, les mosaïques et les stèles, que les fouilles ne cessent de mettre au jour.

On se rend compte de la prospérité prodigieuse, à la fois matérielle et morale, qu'avait atteinte cette Afrique romaine. Elle était devenue une véritable « province ». Elle fournissait à la métropole, non seulement des céréales, mais encore des orateurs, beaucoup d'orateurs, des écrivains, des artistes. Ce qu'était l'Afrique d'alors pour Rome, l'Algérie, province française elle aussi, est en train de le devenir pour la France...

Rien n'égale la douceur et le charme de cette Riviera algérienne, le long de la route en corniche qui, au delà de Cherchell, continue vers Ténès. On traverse de beaux et riches villages dont la grande rue toute droite,

South

Paysage de l'Aurès

la place ombragée de platanes, les belles maisons neuves disent l'activité et la prospérité. A chaque tournant du chemin, c'est une belle échappée sur les découpures du rivage. Gouraya est un des coins les plus jolis. Au pied des collines déjà plus hautes, un bois de pins surplombe la mer. Il n'y a ici ni casinos, ni palaces, ni croupiers pour gâter et déshonorer ces beautés naturelles. Il n'y a qu'une excellente route et, partout où la terre est fertile, de laborieux colons qui ont défriché la brousse, planté leurs vignes, ensemencé leur champ. Après Gouraya, les montagnes s'élèvent toujours davantage ; le paysage se fait plus sévère et plus âpre.

Passé Dupleix, les villages eux-mêmes disparaissent. La route serpente au flanc de la montagne, qui tombe à pic sur la mer. Toute cette partie de la côte est farouche et sauvage, dépourvue de ports, de baies, de criques : *litus importuosum*. On arrive ainsi aux hauts plateaux rocheux qui constituent le promontoire énorme de Ténès. Le port est dans une anse, tant bien que mal abritée par le cap. La ville, sans grand intérêt, se trouve sur la hauteur, un peu en arrière. Mais, dans un des endroits les plus attrayants du rivage, au milieu des pins, on vient d'installer un très joli hôtel-camping où les touristes peuvent s'arrêter.

Le charme de Tlemcen

Par ses monuments, qui rappellent la belle époque de l'Espagne musulmane, par ses rues si pittoresques, ses petites places, ses boutiques, où nulle part ailleurs la vie des indigènes n'est aussi curieuse à observer, par la douceur exquise des environs, Tlemcen constitue un des principaux attraits de l'Algérie.

Ruelles étroites, maisons basses, on se croirait par moments dans certains quartiers de Cordoue. Le Méchouar, la citadelle, dresse sa masse rougeâtre, ses murs sévères.

Une petite place ombragée de platanes où se trouve un café maure. Plus loin, des fondouks. Dans l'un d'eux, des gens arrivés de l'Extrême-Sud, du Tafilelt, prennent leur thé à la menthe, serrés dans une niche étroite. Partout des échoppes, des boutiques. Tlemcen est la ville des petits métiers, des petits artisans. Tisserands qui, d'une main diligente, font aller et venir la navette de leur antique métier, brodeurs de cuir, de selles, de sacs, de babouches. Quelques années avant la guerre, la selle du Glaoui, le fastueux seigneur de l'Atlas marocain, avait coûté, à elle seule, 7.000 frs ! Fabricants de burnous, de djellabas, de couvertures, de tapis aux couleurs voyantes, orfèvres, ciseleurs de cuivre, d'argent, etc., etc.

Sous la conduite de M. A. Bel, directeur de la Médersa, grand ami des indigènes, j'ai visité tous ces

Un village dans l'Aurès.

Les gorges de Rouffi.

Dans l'Aurès. — Guelâa de Banian.

Au Mzab-Ghardaïa.

curieux quartiers. Au fond de la ville, près des remparts, des sons de derbouka nous attirent. Nous approchons de la maison d'où part ce bruit. Mon compagnon s'informe : c'est une noce arabe. Dans la cour, les musiciens accroupis et tout autour une ribambelle d'enfants, de jeunes gens. Dans la petite salle voisine, le mari, timide et gêné, assis sur une chaise, reçoit les compliments et les félicitations. A côté, c'est la salle du festin : le méchoui, le rôti de mouton, et d'énormes plats de couscouss. Une vingtaine d'hommes assis par terre, les jambes croisées, semblent y faire grand honneur. Une négresse empressée montre à tout venant la chemise de la mariée. Les terrasses et les toits voisins sont recouverts de femmes qui lancent des regards curieux vers le bas, faisant entendre des chuchotements, des petits cris et des rires. C'est l'original du tableau fameux de Delacroix !

Le site, la mosquée de Bou-Médine sont la merveille de Tlemcen. Il n'est pas sur la terre d'endroit plus joli, plus poétique que cette petite colline où dort d'un éternel sommeil le saint homme de l'Islam, Sidi Bou-Médine, grand savant en science coranique, grand professeur et grand voyageur.

On y monte par un vieux cimetière où, comme toujours en pays d'Islam, des groupes de femmes vont et viennent autour des tombes. On traverse un pittoresque village. Voici la Kouba, qui contient, recouverts de drapeaux et d'étoffes, les restes du saint. Voici la mosquée très belle avec ses mosaïques en faïence, sa coupole à alvéoles, sa magnifique porte en bois de cèdre.

Non loin de là, dans une école coranique, un vieux très vieux professeur, qui a dépassé quatre-vingts ans, sa longue gaule à la main, fait, avec le balancement approprié du buste, répéter par cœur les sourates à une quinzaine de bambins accroupis autour de lui. De temps à autre, s'abat d'un coup sec la gaule inflexible, pour réprimer les négligences ou les distractions.

Rien n'est plus délicieux, plus attirant, plus reposant que cette campagne de Tlemcen. Son charme est fait de la douceur des lignes, du murmure des eaux courantes, de la beauté, de la profondeur des horizons qui, par delà l'immense plaine, emportent l'œil jusqu'à la mer.

⊹⊱⊰⊹⊱⊰⊹

L'Apollon de Cherchell.

Une Fête de la Lumière

FIGUIG

Une magnificence, un étincellement, une féerie de lumière ! Seul, sur la vaste terre, Louqsor, dans la Haute Egypte, peut à cet égard se comparer à Figuig, sentinelle du Sahara.

Un cirque de montagnes roses, une bordure de falaises en granit, des roches scintillantes, aux veinures régulières et comme tracées au cordeau ; au centre, l'immense palmeraie, le vert métallique des palmes qui fait l'effet d'un miracle dans cette aridité splendide.

Une telle poussée de vie déconcerte et surprend. Ici, la terre ne vaut rien, ou plutôt il n'y a pas de terre. La seule chose qui vaille, c'est l'eau. Partout où elle arrive, elle apporte avec elle la végétation, la fertilité ; à la limite exacte où elle s'arrête, c'est le désert et la mort.

Emergeant au-dessus des palmes, les villages, étranges citadelles de boue durcie, avec leurs cubes d'argile, troués, forés comme les alvéoles d'une ruche.

De hauts murs de terre desséchée, des tours carrées enferment chaque jardin, jalousement, sévèrement gardé. Au pied des hauts palmiers, de minuscules carrés, où l'on a, parcimonieusement, semé quelques poignées d'orge. difficilement protégés contre l'ardeur dévorante d'un ciel ne connaissant ni les nuages, ni la pluie.

On chemine par des couloirs zigzagants. Une raide grimpée qui fait buter les chevaux, et voici le village : de sombres corridors, où les genoux du cavalier râ- clent les murs ; tours et détours ; des portes qui s'ouvrent à demi, pareilles à des ratières ; des trous d'ombre et, par instant, de magnifiques taches de lumière ; de noi- res galeries, qu'on soupçonne profondes et pleines du bruit de l'eau courante. Quelque femme, empaquetée dans son burnous de laine, s'aplatit face au mur, ne vou- lant ni voir, ni surtout être vue.

Une étrange odeur de renfermé, de moisi, de vétusté flotte en ce labyrinthe.

Puis, c'est la descente, avec une merveilleuse échap- pée sur l'immense palmeraie de Zenaga, la mer des pal- mes ondulant à perte de vue dans un poudroiement d'or. La belle lumière du couchant revêt les montagnes voisines de teintes merveilleuses allant du rose à l'amé- thyste : c'est une féerie aux reflets changeants !

Il y eut des populations berbères installées ici de temps immémorial. Le Commandant Pariel, la provi- dence de tout voyageur français, me raconte le curieux fait suivant : les indigènes de l'oasis, quand ils mangent des dattes qui constituent leur principale nourriture, ont grand soin d'en conserver les noyaux ; ils les dépo- sent parcimonieusement dans quelques trous creusés à la muraille et les écrasent ensuite pour les donner aux brebis et aux chèvres. Or, l'instrument dont ils se ser- vent pour cette opération, est un *outil de l'âge de pierre*.

Figuig n'existant que par ses sources, c'est sur les sources mêmes que les villages sont bâtis. Il s'agissait avant tout, pour les *ksouriens*, de s'assurer la posses- sion de l'eau. La plus abondante de toutes, Tazdaert, se trouve en dehors du village de Zenaga, qui vit d'elle. Cela seul imposait aux gens de ce village la nécessité absolue d'être les plus nombreux ou les plus forts. A la première défaillance, c'en était fait de leurs dattiers. Aussi la source fut-elle, de tout temps, la cause de luttes et de batailles. Sidi Abd-el-Kader ben Mohammed disait d'elle : « C'est la fameuse chienne qui mange ses petits », par allusion à tout le sang qu'elle avait fait couler.

Les eaux, thermales et d'origine profonde, jaillissent cinq ou six mètres plus bas que le niveau des villages. Un système ingénieux de puits, de galeries et de bassins qui se croisent, se superposent, les conduit jusque dans la palmeraie. Pour éviter le pénible travail qui consisterait à élever l'eau, à l'antique manière des fellahs égyptiens, les gens de Figuig ont presque partout abaissé le sol de leurs jardins. C'est ce qui donne à ces jardins l'apparence de fosses entourées de hautes murailles au-dessus desquelles pointent des bouquets de feuilles vertes.

Il y a dans cette oasis deux choses bien distinctes, la propriété de la terre et la propriété de l'eau, la seconde d'ailleurs infiniment plus précieuse que la première. Car c'est l'eau seule qui donne à la terre sa valeur.

Pour la mesurer, les indigènes se servent d'un instrument qui porte le nom de *kharrouba*. C'est une horloge à eau : on fait flotter, au-dessus d'un seau plein, un vase demi-sphérique percé, au fond, d'un petit trou. Ce vase se remplit peu à peu par en dessous et le temps qu'il met à se remplir et à tomber dans le seau marque l'unité de la mesure.

Deux hommes, désignés par la *Djemaa*, l'assemblée locale, contrôlent cette opération et règlent aussi la distribution des sources. Ils sont choisis à raison de leur âge, de leur honorabilité, de leur connaissance des

coutumes et des traditions. On les appelle les *parta-
geurs*. Ils détiennent la *kharrouba* et s'assurent que le
trou par quoi elle s'emplit garde bien le même calibre.
S'il s'agrandissait tant soit peu, la mesure serait du
coup faussée. Les méchantes langues, il en existe à Figuig, prétendent que parfois, et sans qu'on puisse expli-
quer comment, le trou s'agrandit en effet.

La durée de la *kharrouba* est de quarante-cinq mi-
nutes environ. C'est l'unité de temps qui marque la
part d'eau. Cette part constitue une véritable propriété
qui s'achète et se vend, soumise aux fluctuations du
marché, aux lois de l'offre et de la demande. A certaines époques de l'année, selon que la pluie a été abondante, que les jardins ont plus particulièrement besoin
d'être arrosés, l'eau acquiert plus ou moins de valeur.
Il s'est créé à Figuig comme un marché, une Bourse de
l'eau. Tous ceux qui en ont les moyens, plutôt que de
vendre à vil prix cette marchandise si précieuse, cons-
truisent un bassin pour y dériver la source, pendant
tout le temps qu'elle leur appartient. Ces bassins, d'une
solidité, d'une étanchéité absolue, sont faits d'un ciment
inventé par les indigènes et bien supérieur, assure-
t-on, aux meilleurs ciments européens. On l'obtient en
mélangeant, par parties égales, de la chaux vive et de
la cendre et en éteignant, comme la chaux ordinaire, ce
mélange. Le niveau de l'eau monte dans le bassin ;
quand elle monte aussi à la Bourse, l'heureux propriétaire la vend.

Telle est, dans ses principaux traits, cette organisation, à la fois rudimentaire et compliquée, qu'on retrou-
verait, avec de légères différences, dans la plupart des
oasis sahariennes. Elle s'adapte au caractère des habitants et à la nature du pays.

Le fait dominant de la vie d'une oasis, c'est, avec le
partage de l'eau, les rapports des ksouriens et des tribus avoisinantes, la rivalité du nomade et du séden-

Plage près de Ténès.

Le cap Ténès.

taire. Ici encore, un certain ordre s'est substitué aux troubles et aux pillages. Le sédentaire, en qui les instincts de guerre et de combativité se sont nécessairement affaiblis, a reconnu son infériorité et accepté de payer un léger tribut au nomade, comme autrefois le manant au baron. Plus faible que lui dans la bataille, il est, par contre, beaucoup plus fort quand il s'agit de transaction et de négoce. Il reprend sa supériorité et l'homme des tribus n'est qu'un enfant, un grand enfant, à côté de lui.

Nomade et ksourien se complètent; ils ont absolument besoin l'un de l'autre. Cela seul les obligerait impérieusement à s'entendre.

Par moment, la cupidité du premier s'allume quand il voit les jardins et la demeure du second. Lui, qui ne possède rien ou presque, contemple avec un œil d'envie le moindre objet possédé par l'autre. Le désir du pillage le ressaisit. Il exige, il menace, et si le ksourien résiste et s'enferme dans son village fortifié, il a toujours la ressource de violer son jardin, de couper les tiges des palmiers. Un arrangement intervient, le sédentaire cède au nomade le revenu de quelques arbres; il l'associe de la sorte à sa propriété ; il le met dans l'obligation de la défendre, au cas où elle tenterait quelque nouveau pillard.

Quand arrive novembre, les nomades descendent, avec leurs troupeaux, des hauts plateaux. Ils achètent dans les oasis leur provision de dattes ; ils vendent la laine de leurs moutons dont les ksouriens feront des burnous. Presque chaque maison de Figuig a son métier à tisser. Et l'industrie de la laine n'est point la seule : il y a celle du cuir, la fabrication des colliers, pendants, boucles, verroteries dont les femmes arabes sont, à un tel point, friandes. Souvent, le ksourien avance de l'argent au nomade et se fait son banquier, non sans prélever un taux usuraire.

Une matinée claire de Figuig m'a laissé comme un capiteux parfum de souvenirs.

C'est à Beni-Ounif, la station française, à l'Hôtel du Sahara : dans ma chambre, de plain-pied avec la cour, j'ai l'impression d'avoir dormi sous la toile ; mon sommeil fut comme celui de la tente, léger, transparent, ouvert aux bruits du dehors : les aboiements des chiens, le chant des coqs.

Il fait nuit encore et l'on frappe à ma fenêtre, tandis qu'une voix me crie : « Les chevaux sont là ! »

Bien vite, je m'habille et je sors. Dans le ciel vide d'étoiles, il n'y a plus qu'un mince et fin croissant et l'étoile du matin, dont la vive clarté tremblote avant de s'éteindre.

A peine sommes-nous en selle que le soleil paraît et, tout de suite, il emplit la plaine de lumière.

Le village s'éveille ; des spahis sortent de leur caserne ; des tirailleurs sénégalais se dirigent vers la gare. Les façades toutes blanches et les vitres joyeuses reflètent les premiers rayons.

Nous allons vers la brèche au pied de la falaise, par où passe le chemin de l'oasis et la Zousfana, capricieuse rivière.

Ici, la Zousfana coule à la surface. Les eaux sont en ce moment assez abondantes. Par des barrages et des digues, on a grand soin de les capter, de les conduire dans des seguias qui arrosent d'innombrables palmiers.

C'est une impression de fraîcheur reposante et divine que fait cette vallée, découverte brusquement. Dans un cirque calciné, au pied de ces roches désolantes, c'est la joie du sable mouillé, le délicieux murmure de l'eau clapotante.

Nous rencontrons, sur trois ou quatre kilomètres, le
lit de la rivière. La vallée s'est rétrécie. Le soleil a
disparu, masqué par la haute montagne voisine. Nous
cheminons dans l'ombre, une ombre presque froide.
Une des berges est très escarpée; le tronc svelte des
palmiers fuse hardiment vers le ciel.

Gravissons la pente raide. Nous voici tout d'un coup
sur un immense plateau de roche, absolument désert.
Tout au bout, un village en amphithéâtre, El Ham-
mam, le dernier de l'oasis.

Pour y accéder, ce sont toujours les mêmes corridors sombres, même délabrement, même vétusté, même
odeur. Un escalier s'enfonçant dans le sol permet de
descendre à la source. Mon *mokhazni* se procure une
bougie et nous y descendons. On se croirait dans une
étuve; l'eau, quand elle sourd, a presque la tempéra-
ture du corps humain. Une conduite de ciment la
recueille aussitôt, où les villageois viennent emplir leurs
outres en peau de bouc. Le débit m'a paru assez
faible. Mais il se trouve, un peu plus bas, me dit-on,
une autre source plus abondante.

La descente par les palmeraies et les vergers est un
enchantement. Ici, plus de ces hautes murailles qui
emprisonnent le regard; l'œil plonge librement dans
les jardins, où pêchers, abricotiers, figuiers et grena-
diers se mêlent aux palmiers. Les ceps de vigne escaladent les tronc puissants. Les feuillages à demi jaunis
font d'admirables taches sur le vert tendre et frais des
semis. Par-dessus les clôtures, les branches se rejoignent, s'entrelacent, dans une poussée de végétation
désordonnée. Et partout l'eau limpide, chantante et
murmurante dans les séguias. Partout des indigènes
qui travaillent comme en se jouant. Il flotte, sur ce coin
de terre, je ne sais quel parfum de félicité paradi-
siaque.

L'Achaba.

Aux premiers jours du printemps, à l'automne, en quelques points de passage qui font communiquer avec les régions sahariennes les hauts plateaux de l'Algérie, El Kantara, notamment, se déroule, durant des semaines, le défilé presque ininterrompu des tribus nomades qui s'éloignent ou se rapprochent du désert. Sous la lumière étincelante de l'extrême sud, parmi les tourbillons d'une poussière d'or, tout un peuple en mouvement, hommes et femmes, vieux et jeunes, bêtes et gens, suit l'antique voie des migrations périodiques. Cris gutturaux des bergers et des chameliers, bêlements des troupeaux, aboiements des chiens, les caravanes se succèdent dans un brouhaha, un tumulte bariolés.

Pour peindre cette débauche, cette orgie de couleurs, il faut non pas seulement un écrivain, même très grand, mais aussi un peintre. Fromentin a essayé ce tour de force, et il l'a réussi. Sa description des Larba, tels qu'il les vit un jour passer aux environs de Laghouat, est célèbre, presque classique. Elle mérite sa célébrité. Jamais n'a été poussé plus haut et plus loin le pouvoir mystérieux, magique de créer de la couleur avec des mots.

« Une ligne de poussière commençait à se former au-dessus de la plaine, entre Tadjemout et nous.

« — C'est une tribu qui voyage, dit Ali : rahil, un déplacement.

Une mosquée à Tlemcen.

TLEMCEN. — Mosquée de Bou-Médine.

« En effet, le bruit ne tarda pas à se rapprocher, et
l'on put bientôt reconnaître l'aigre fanfare des corne-
muses jouant un de ces airs bizarres qui servent aussi
bien pour la danse que pour la marche ; la mesure
était marquée par des coups réguliers frappés sur des
tambourins ; on entendait aussi, par moments, des
aboiements de chiens. Puis, la poussière sembla prendre
une forme, et l'on vit se dessiner une longue file de
cavaliers et de chameaux chargés, qui venaient à nous,
et se disposaient à traverser l'Oued, à peu près vers
l'endroit où nous nous dirigions nous-mêmes.

« Enfin, il nous fut possible de distinguer l'ordre de
marche et la composition de la caravane.

« Elle était nombreuse et se développait sur une
ligne étroite et longue au moins d'un grand quart de
lieue. Les cavaliers venaient en tête, en peloton serré,
escortant un étendard aux trois couleurs : rouge, vert
et jaune, avec trois boules de cuivre et le croissant à
l'extrémité de la hampe. Au delà et sur le dos de dromadaires blancs ou d'un fauve très clair, on voyait se
balancer quatre ou cinq atatiches de couleur éclatante ;
puis, arrivait un bataillon tout brun de chameaux de
charge, stimulés par la caravane à pied ; enfin, tout à
fait derrière, accourait, pour suivre le pas allongé des
dromadaires, un énorme troupeau de moutons et de
chèvres noires divisé par petites bandes, dont chacune
était conduite par des femmes ou par des nègres, sur-
veillée par un homme à cheval et flanquée de chiens.

« Les cavaliers étaient armés en guerre et costumés,
parés, équipés comme pour un carrousel ; tous, avec
leurs longs fusils à capucines d'argent, ou pendus par
la bretelle en travers des épaules, ou posés horizonta-
lement sur la selle, ou tenus de la main droite, la
crosse appuyée sur le genou. Quelques-uns portaient
le chapeau de paille conique empanaché de plumes
noires ; d'autres avaient leur burnous rabattu jusqu'aux

yeux, le haïk relevé jusqu'au nez ; et ceux dont on ne
voyait pas la barbe ressemblaient ainsi à des femmes
maigres et basanées ; d'autres, plus étrangement
coiffés de hauts kolbaks sans bord en toison d'autruche
mâle, nus jusqu'à la ceinture, avec le haïk roulé en
écharpe, le ceinturon garni de pistolets et de couteaux,
et le vaste pantalon de forme turque en drap rouge,
orange, vert ou bleu, soutaché d'or ou d'argent, para-
daient superbement sur de grands chevaux habillés de
soie comme on les voyait au moyen âge et dont les
longs chelils ou caparaçons rayés et tout garnis de
grelots de cuivre, bruissaient au mouvement de leur
croupe et de leur queue flottante. Il y avait là de fort
beaux chevaux ; mais ce qui me frappa plus que leur
beauté, ce fut la franchise inattendue de tant de couleurs étranges. Je retrouvais ces nuances bizarres si
bien observées par les Arabes, si hardiment exprimées
par les comparaisons de leurs poètes. Je reconnus ces
chevaux noirs à reflets bleus, qu'ils comparent au
pigeon dans l'ombre ; ces chevaux couleur de roseau,
ces chevaux écarlates comme le premier sang d'une
blessure. Les blancs étaient couleur de neige et les
alezans couleur d'or fin. D'autres, d'un gris foncé,
sous le lustre de la sueur, devenaient exactement vio-
lets ; d'autres encore, d'un gris très clair, et dont la
peau se laissait voir à travers leur poil humide et rasé,
se veinaient de tons humains et auraient pu audacieu-
sement s'appeler des chevaux roses.

« Au centre de ce brillant état-major, à quelques pas
de l'étendard, chevauchaient, l'un près de l'autre et
dans la tenue la plus simple, un vieillard à barbe gri-
sonnante, un tout jeune homme sans barbe.

« Les musiciens venaient ensuite, marchant sur deux
rangs, la bride passée dans le bras, les uns frappant
d'un geste martial sur de petits châssis carrés tendus
de peau, d'autres tambourinant avec des crochets de

bois sur des timbales du diamètre d'un petit tambour, les autres soufflant dans de longues musettes en forme de hautbois. Puis arrivaient sur deux de front, et les deux plus richement équipés tenant la tête, les chameaux porteurs d'atatiches ; c'étaient de grands animaux efflanqués, nerveux, lustrés, presque aussi blancs que de vrais mehara et marchant, comme disent les Arabes, « du pas noble de l'autruche ».

« Ils avaient des mouchoirs de satin noir passés au cou et des anneaux d'argent aux pieds de devant.

« Les atatiches, sortes de corbeilles enveloppées d'étoffes avec un fond plat garni de coussins et de tapis, dont les extrémités retombent en manière de rideaux sur les deux flancs du dromadaire, faisaient plutôt l'effet de dais promenés dans une procession que de litières de voyage. Imaginez un assortiment de toute espèce d'étoffes précieuses, un assemblage de toutes les couleurs : du damas citron, rayé de satin noir, avec des arabesques d'or sur le fond noir, et des fleurs d'argent sur le fond citron ; tout un atouche en soie écarlate traversé de deux bandes de couleur olive ; l'orange à côté du violet, des roses croisés avec des bleus, des bleus tendres avec des verts froids ; puis des coussins mi-partie cerise et émeraude, des tapis de haute laine et de couleur plus grave, cramoisis, pourpres et grenats, tout cela marié avec cette fantaisie naturelle aux Orientaux, les seuls coloristes du monde. C'était le point le plus brillant et le centre éclatant de la caravane. Vu de face et d'un peu loin, ce haut appareil s'élevait comme une sorte de mitre étincelante au-dessus de la tête vénérable des dromadaires blancs, et complétait cette physionomie sacerdotale qu'on leur connaît. On n'entrevoyait rien des voyageuses de distinction suspendues dans ces somptueux berceaux ; mais un nègre à pied qui se tenait au-dessous de chaque litière, de temps en temps levait la tête et s'entretenait avec une voix qui lui parlait à travers les tapisseries. »

Cet exode des tribus s'appelle, en arabe, l'*achaba*, ce qui signifie la recherche, ou pour employer un vieux mot, plus expressif, la *quête de l'herbe*. C'est en effet le souci des pâturages, pour la nourriture des troupeaux, qui, seul, détermine en même temps qu'il les règle, ces déplacements d'un peuple de pasteurs.

Sur les lisières du désert, les bas-fonds, les cuvettes des régions sahariennes, les lits desséchés des « oued » se couvrent, en hiver, d'une végétation vite éclose et plus vite encore flétrie. Les troupeaux des nomades viennent paître ces herbes d'un jour. Il nous souvient, entre Laghouat et Ghardaïa, la métropole du Mzab, d'avoir traversé, au début d'avril, une contrée pétrifiée, squelettique, une mer de pierres blanchies à qui les Arabes ont donné le nom imagé de *chebka*, le filet, parce que les stries de ce terrain calciné rappellent en effet les mailles d'un filet. Or, toute une flore de graminées désertiques s'épanouissait quelques semaines plus tôt dans les interstices de ces rocs.

Les nomades connaissent exactement le moment de ces floraisons, et c'est d'accord avec elles qu'ils règlent leur arrivée. Pendant les hivers humides, ils prolongent leur séjour au Sahara ; la sécheresse au contraire le leur fait abréger. Chaque tribu, ou chaque confédération de tribus a son terrain de parcours déterminé par l'état des pâturages et les points d'eau, cuvettes, puits, citernes où les animaux peuvent s'abreuver. Certaines d'entre elles se déplacent sur des étendues considérables. Les Larba, notamment, poussent jusque bien au sud de Ghardaïa, presque à la hauteur de Ouargla, et ils remontent, en été, dans la région de Téniet-el-Had, soit un trajet de plus de mille kilomètres, à l'aller et au retour.

Il faut des mois et des mois pour couvrir ces dis-

La Zousfana. — Figuig.

FIGUIG.

tances, d'autant que les troupeaux paissent tout en
cheminant. Ces nomades dans toute la force du terme,
sont ainsi en perpétuel déplacement. Ils s'arrêtent un
peu à la proximité des oasis, où leurs chameaux assurent le transport des dattes. Car en même temps que
les pasteurs, ils sont les voituriers du désert. L'été
venu, ils transportent de même les céréales sur les
hauts plateaux.

M. Jules Cambon, alors qu'il était gouverneur général de l'Algérie, eut l'idée de faire dresser par ses ser-
vices le relevé et l'itinéraire précis de ces migrations
pastorales, dans toute l'étendue des territoires du sud.
Le résultat de ces recherches fut consigné dans un gros
et précieux ouvrage, le *Pays du mouton*, qui est comme
la « somme » du nomadisme.

D'année en année et même de siècle en siècle, ces
mouvements s'opèrent avec une régularité, une fixité
absolues. Chaque tribu, on pourrait dire chaque colonne,
a ses pistes et ses pacages, comme si sa marche avait
été fixée par un colonel d'état-major.

Sur ces nomades, ces pasteurs, le temps, la suite des
siècles ont glissé, sans apporter le moindre changement.
Les bergers d'Abraham et de Jacob ne devaient pas
être sensiblement différents de ceux qu'un touriste
curieux peut croiser de nos jours le long des pistes
sahariennes. Dans des vers admirables et auxquels il
n'y a rien à changer, Virgile, au troisième chant des
Géorgiques, en a décrit pour toujours la monotone
existence :

Saepe diem noctemque et totum ex ordine mensem
Pascitur itque pecus longa in deserta sine ullis
Hospitiis : tantum campi jacet !

« Durant des jours et des nuits, pendant des mois
entiers, le troupeau va paissant le long de ces déserts
immenses, sans jamais s'arrêter sous un toit : si vastes
sont ces étendues ! »

TABLE DES MATIÈRES

Quelques Livres sur l'Algérie

L'Algérie, par M. WAHL, revue par M. Augustin BERNARD. — Paris, Alcan.

Histoire de l'Algérie, par E. CAT.

Histoire de l'Afrique septentrionale, par E. MERCIER. — Paris, Leroux. — 3 volumes.

Les Monuments antiques de l'Algérie, par S. GSELL. — Paris, Fontemoing.

Histoire ancienne de l'Afrique du Nord, par S. GSELL. — Paris, Hachette. — Ouvrage capital en cours de publication, 4 volumes parus.

Timgad, une cité africaine sous l'Empire romain, par BŒWILLWALD, CAGNAT et BALLU. — Paris, Leroux.

Histoire d'Alger sous la domination turque, par DE GRAMMONT. — Paris, Leroux.

CERVANTÈS. — *Don Quichotte*. — *Nouvelles*.

Esquisse de l'Etat d'Alger, par William SHALES, Consul général américain à Alger, traduit de l'anglais, par BIANCHI. — Paris, 1830.

La Conquête de l'Algérie, par C. ROUSSET. — Paris, Plon. — 5 volumes.

L'Algérie de 1830 à 1840, par C. ROUSSET.

La Kabylie et les coutumes kabyles, par HANOTEAU et LETOURNEUX. — Paris, Challamel.

Mœurs et coutumes de l'Algérie, par le Général DAUMAS.

Le Grand Désert, par le Général DAUMAS.

L'Insurrection de 1871, par RINN.

L'Insurrection des Ouled-Sidi-Cheikh, par le Colonel TRUMELET.

Les *Mémoires* du Général DU BARAIL.

Mes chasses en Algérie, par le Commandant MARGUERITTE.

Mœurs et coutumes des Arabes, par VILLOT.

L'Algérie, par Raymond AYNARD ; excellent ouvrage d'ensemble.

L'Afrique du Nord, par Henri LORIN.

Un été dans le Sahara. — *Une année dans le Sahel*, par FROMENTIN.

Tableaux algériens, par GUILLAUMET.

Au Soleil, par G. DE MAUPASSANT.

La série des ouvrages de Louis BERTRAND : *Le sang des races ; La Cina ; Pépète le bien-aimé ; Le Jardin de la mort ; Les Villes d'or ; Saint-Augustin.*

La Fête arabe, par Jérôme et Jean THARAUD.

Les trois dames de la Kasbah, par Pierre LOTI.

32 ans à travers l'Islam, par Léon ROCHE.

Dans l'ombre chaude de l'Islam, par Isabelle EBERHARDT et V. BARRUCAND.

Feuilles de route, par Isabelle EBERHARDT.

L'Afrique romaine, par Gaston BOISSIER.

Renseignements sur l'Algérie économique, par DEMONTÈS (Office de l'Algérie).

Les ouvrages de DINET et de SLIMAN BEN IBRAHIM.

Imp. A. Tournon (Ing. E. C. P.), 257, rue St-Honoré. — PARIS.

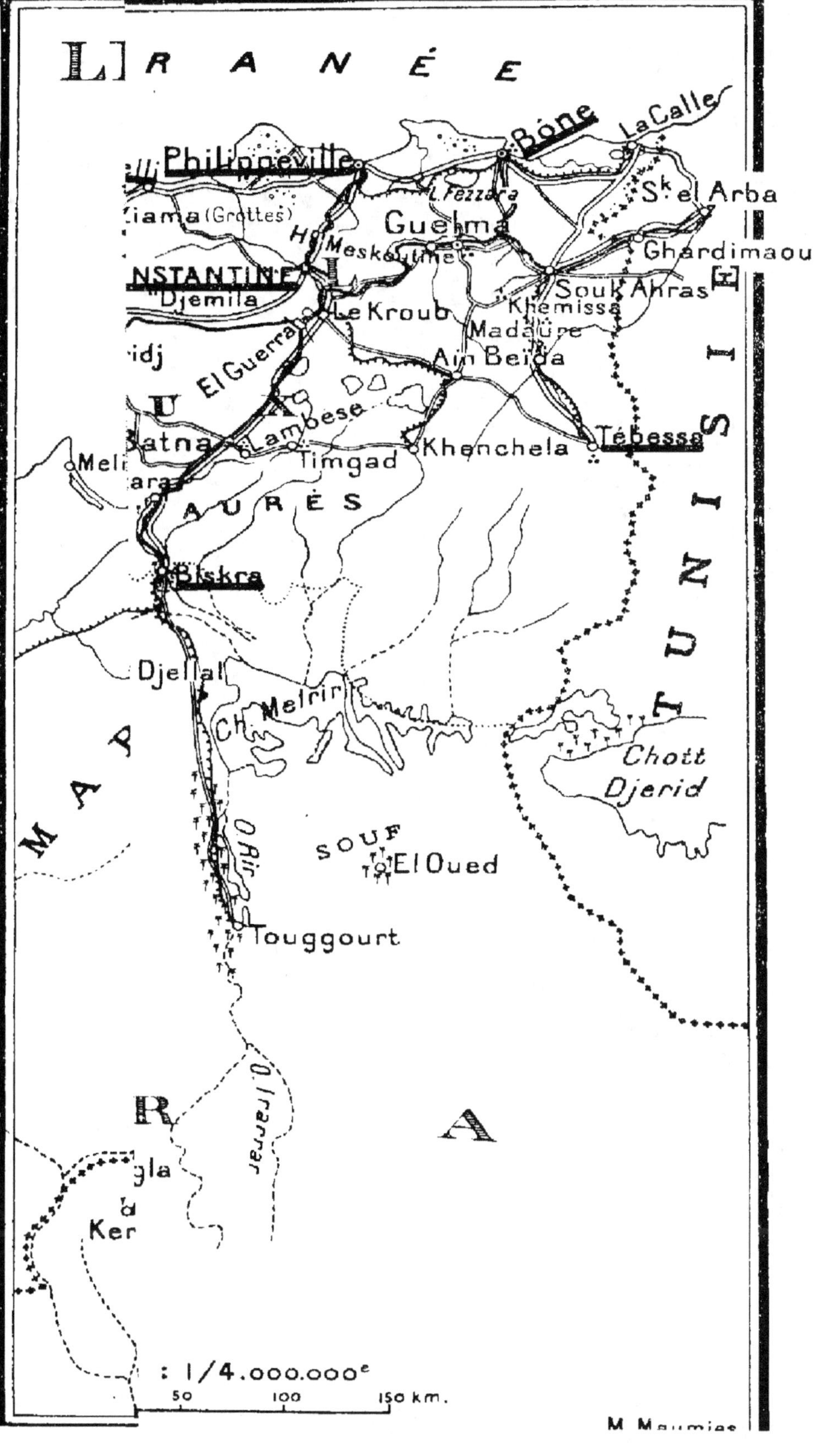

L]RANÉE
Bône
La Calle
Philippeville
L. Fezzara
S^k el Arba
Ziama (Grottes)
Guelma
Ghardimaou
Meskoutine
H^ts
NSTANTINE
Souk Ahras
Djemila
Le Kroub
Khemissa
Madaure
idj
El Guerrah
Aïn Beïda
U
Batna
Lambese
Khenchela
Tébessa
Melr
Timgad
AURÈS
TUNISIE
Biskra
Djellal
Ch. Melrir
Chott
Djerid
MAP
SOUF
O^d Rir
El Oued
Touggourt
R
O^d Irarrar
A
gla
d
Ker
: 1/4.000.000^e
50   100   150 km.
M Maumies

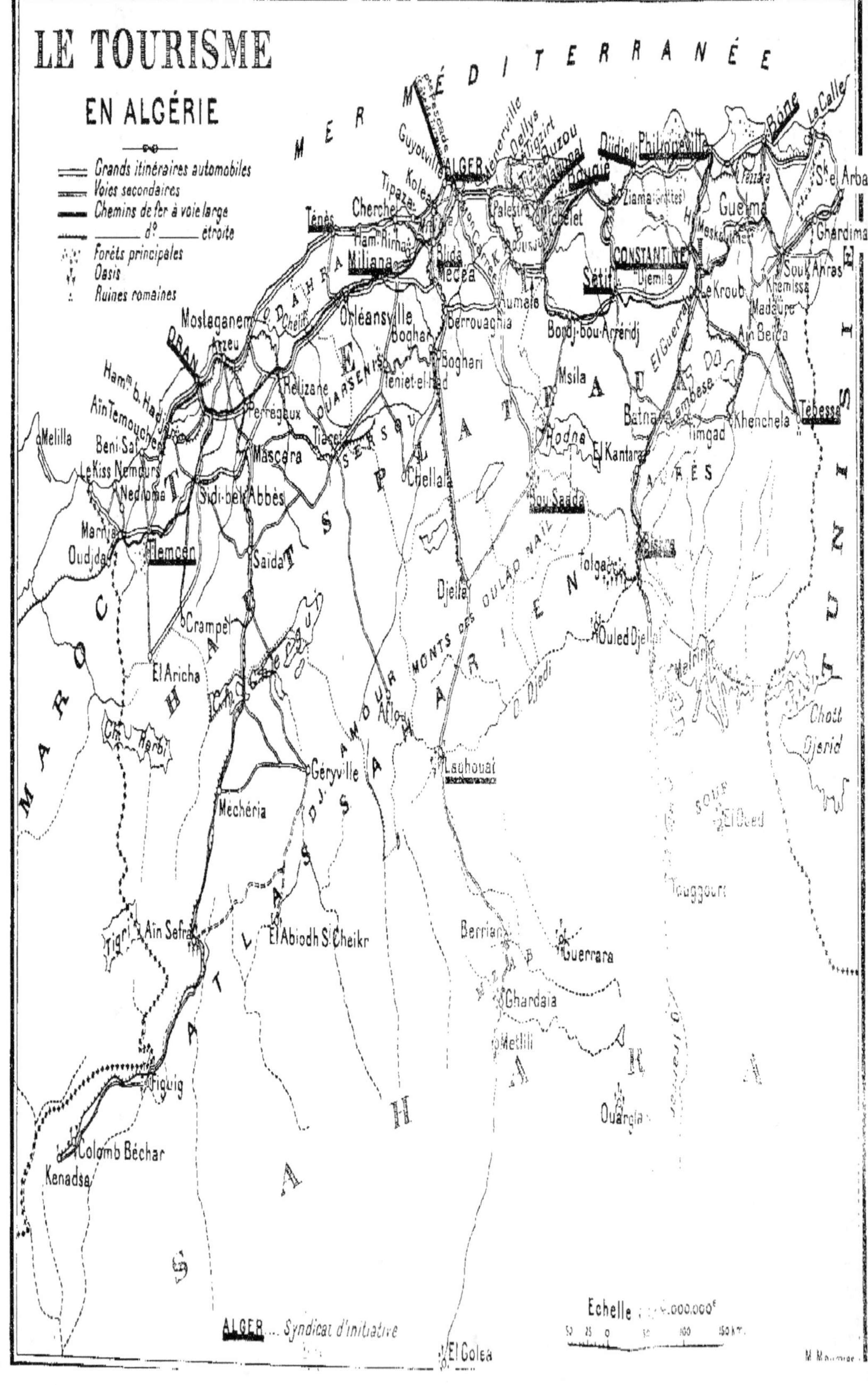

LE TOURISME
EN ALGÉRIE
Grands itinéraires automobiles
Voies secondaires
Chemins de fer à voie large
d°   étroite
Forêts principales
Oasis
Ruines romaines
MER MÉDITERRANÉE
Guyotville
ALGER
Kolea
Tipaza
Cherchell
Ténès
Ham Rimat
Miliana
Blida
Medea
Kolea
Maison Carrée
Menerville
Dellys
Tigzirt
Tizi-Ouzou
Palestro
Michelet
Ziama (Grottes)
Djidjelli
Bougie
Philippeville
Bône
La Calle
St el Arba
Fezzara
Guelma
Ghardimau
Souk Ahras
Khemissa
Madaure
Ain Beida
Tebessa
CONSTANTINE
Setif
Djemila
Le Kroub
Aumale
Bordj-bou-Arreridj
Msila
El Guerrah
Batna
Lambese
Khenchela
Timgad
El Kantara
Hodna
El Kantara
Bou-Saada
Biskra
AURÈS
Tolga
Ouled Djellal
O. Djedi
MONTS DES OULAD NAIL
Djelfa
Laghouat
Berrouaghia
Boghar
Boghari
Teniet-el-had
Orléansville
Mostaganem
Arzeu
ORAN
Relizane
Perregaux
Tiaret
Chelif
O. DAHRA
OUARSENIS
SERSOU
Mascara
Chellala
Hamm b. Had
Ain Temouchent
Beni-Saf
Melilla
Le Kiss Nemours
Nedroma
Sidi-bel-Abbès
Marnia
Oudjda
Tlemcen
Saida
MAROC
El Aricha
Crampel
Col de Juif
DJ. AMOUR
Aflou
Geryville
Mecheria
Tigr Ain Sefra
El Abiodh S Cheikr
ATLAS SAHARIEN
Ch. Ou Rharbi
Figuig
Colomb Béchar
Kenadsa
SAHARA
Berriane
Guerrara
Ghardaia
Metlili
Ouargla
M'ZAB
SOUF
Oued
Touggourt
Metlili
Chott Djerid
TUNISIE
ALGER ... Syndicat d'Initiative
El Golea
Echelle 1: 4.000.000
50 25 0   50   100   150 km.
M. Monrose

www.ingramcontent.com/pod-product-compliance
Lightning Source LLC
La Vergne TN
LVHW021843170726
843503LV00003B/1054